KARLOTTA STAHL

VERBRECHEN SIND MEIN JOB

Eine junge Staatsanwältin ermittelt

Eden BOOKS

Inhaltsverzeichnis

HINWEIS

Der nachfolgende Text enthält unter anderem Erwähnungen und Beschreibungen körperlicher, seelischer oder sexualisierter Gewalt, die möglicherweise sehr nahegehen können.

Ein Vorwort

… oder warum ich eigentlich gar keine Staatsanwältin werden wollte

Wenn Sie dieses Buch in Händen halten, haben Sie es wahrscheinlich schon erkannt: Ich bin Staatsanwältin. Eigentlich wollte ich einige Sätze dazu schreiben, warum ich Staatsanwältin geworden bin. Aber wissen Sie was? Wenn ich ehrlich bin, wollte ich nie Staatsanwältin werden. Auf der Liste all der Berufe, von denen ich als Teenie und später als Studentin geträumt habe, stand die Staatsanwaltschaft gar nicht drauf. Ich hatte diesen Job im wahrsten Sinne des Wortes nicht auf dem Zettel. Tierärztin wollte ich werden, Psychologin oder Journalistin. Vielleicht auch Juristin, aber wenn, dann jedenfalls keine bei der Staatsanwaltschaft! Und doch blättern Sie gerade in dem Papier gewordenen Beweis dafür, dass ich meine Meinung geändert habe. Ich bin Staatsanwältin. Es ist mein Beruf, vielleicht meine Berufung und es passt unglaublich gut zu mir. Zu dieser Erkenntnis bedurfte es allerdings etwas mehr als nur eines Jurastudiums. Aber vielleicht beginnen wir besser am Anfang.

Bei meiner ersten Begegnung mit einem Staatsanwalt war ich 16 Jahre alt. Ich absolvierte ein Schülerpraktikum in einer kleinen Anwaltskanzlei in der Provinz. Einer der Anwälte hatte mich mit zu Gericht genommen. Er war Zeugenbeistand in einem Strafverfahren gegen drei Jugendliche, die einen vierten Jugendlichen in den lokalen Ententeich geworfen hatten. Das ist per se schon nicht sehr nett und hatte aufgrund der winterlichen Temperaturen zu einer empfindlichen Unterkühlung des Opfers geführt. Den Übeltätern brachte ihr Verhalten eine Anklage wegen gemeinschaftlicher Körperverletzung ein. Mir bescherte es meinen ersten Besuch eines echten Strafprozesses. An die Verhandlung erinnere ich mich noch ganz genau. Ich erinnere mich an das kleine Amtsgericht mit dem altmodischen Sitzungssaal und den großen Türen aus dunklem Holz. Noch heute sehe ich unseren Mandanten, einen etwas pummeligen Jungen mit Akne und Brille, nahezu vor mir. Ich erinnere mich an den Strafverteidiger, an die drei Angeklagten und auch an den Richter. An den Staatsanwalt, den es in diesem Prozess natürlich auch gegeben haben muss, erinnere ich mich aber nicht.

Warum auch? Ich war damals der Überzeugung, dass Staatsanwältin oder Staatsanwalt ein denkbar langweiliger Job sein müsse. Eine Stelle im Staatsdienst, von der niemand so richtig weiß, wozu sie eigentlich da ist. Ein Beamtenjob, bei dem man sicher viel Zeit im Büro verbringt und in langsamer Faultiermanier die Tastatur eines sehr alten und noch viel langsameren Computers bedient. Natürlich nur mit den Zeigefingern. In sparsam eingerichteten Büros, mit grauhaarigen Kolleginnen und dickbäuchigen Kollegen, die ständig rauchen und Filterkaffee trinken. Ein Job, von dem ich dachte, dass er mit dem spannenden Teil des Strafrechts wenig zu tun haben würde.

Heute bin ich Staatsanwältin. Und wissen Sie was? Ich liebe meinen Beruf! Über meine naiven Annahmen von damals kann ich inzwischen nur den Kopf schütteln. Heute weiß ich, dass all das reine Vorurteile waren. Vorurteile, mit denen ich – und sicher nicht nur ich allein – groß geworden bin. Schauen Sie sich im Vorabendprogramm doch einmal die Figuren an, die die Rolle der Justiz übernehmen. Selten werden dafür eloquente Charaktere geschaffen. Man ist eher altmodisch und verbohrt. Und selbstverständlich wenig sexy. Vergleichen Sie das mit der Rolle der Kolleginnen und Kollegen aus den Anwaltskanzleien in einschlägigen amerikanischen Serien wie *Suits* oder *Boston Legal*. Schon besser, oder?

Ich hätte es selbst nicht für möglich gehalten, aber die Realität sieht anders aus. Die Arbeit bei der Staatsanwaltschaft ist nicht unsexy. Sie ist bunt. Sie ist unglaublich spannend! Meine Aufgaben sind abwechslungsreich und aufregend, berührend und menschlich, moralisch und rechtlich anspruchsvoll. Immer wieder erlebe ich Geschichten, von denen ich denke, dass sie einem guten Thriller entsprungen sein müssen. Und die Rolle der Staatsanwaltschaft ist auch keinesfalls eine Statistenrolle.

»Die Staatsanwaltschaft ist Herrin des Ermittlungsverfahrens.«

Diesen Satz habe ich schon als Studentin auswendig lernen müssen. Ich wusste damals nicht, was er bedeutet. Ich verstehe ihn erst jetzt. Es ist *unser* Ermittlungsverfahren. Es gehört uns. Der Staatsanwaltschaft. Wir haben keine Nebenrolle. Wir führen Regie. Wir entscheiden über Ermittlungsmaßnahmen, wir durchsuchen Wohnungen, wir beschlagnahmen Drogen, untersuchen Leichen und Tatwaffen. Wir nehmen Verdächtigte fest, hören Telefone und Computer ab. Und vor allem verhandeln wir vor Gericht. Wir diskutieren, plädieren und kämpfen, wir versuchen, in jedem einzelnen Fall eine gerechte Strafe zu erreichen. Auch wenn das manchmal ein Freispruch ist. Dabei haben wir es (fast) täglich mit wirklich wilden Geschichten zu tun. Geschichten von Drogenbossen, von Prostituierten und Bankvorständen, von Familienvätern und Alleinerziehenden, von Jugendlichen und Kleinkriminellen. Die Geschichten und ihre Schlüsselfiguren sind so bunt wie das Leben. Und jede dieser Geschichten ist spannend.

In diesem Buch möchte ich Sie einladen, mit mir hinter die Kulissen zu schauen. Ich nehme Sie mit in meine blutige Anfangszeit als Staatsanwältin. Ich erzähle Ihnen von meinem

Alltag in der Strafverfolgung und von meinen lustigsten, spannendsten und emotionalsten Fällen. Sie erzählen von Schicksalen und Geschichten, die mein Beruf geschrieben hat. Und keine Sorge, Sie müssen nicht Jura studiert haben. Ich verspreche Ihnen, Sie werden nicht einen einzigen Paragrafen googeln müssen. Wenn Sie also immer schon mal ein kleines Praktikum bei der Staatsanwaltschaft machen wollten, dann blättern Sie gern weiter. Begleiten Sie mich durch meine chaotische Anfangszeit, in der auch ich diesen Job erst einmal von der Pike auf lernen musste. Kommen Sie mit mir zum Tatort, lassen Sie uns durchsuchen, ermitteln und sicherstellen. Lernen Sie mit mir Anklagen zu schreiben und begleiten Sie mich zu Gericht. Wenn Sie wissen möchten, wie die Strafverfolgung wirklich aussieht, dann lade ich Sie ein. Auf einen Kaffee mit der Staatsanwältin.

Bevor wir mit unseren gemeinsamen Ermittlungen so richtig loslegen, möchte ich Ihnen noch eine kleine Bedienungsanleitung mit auf den Weg geben und mir einige kurze (versprochen!) Erläuterungen erlauben.

Zunächst zu den Strafverfahren, in die Sie gleich einen Blick werfen dürfen: Seien Sie sicher, dass es alle Menschen und Geschichten, die Sie in diesem Buch kennenlernen werden, wirklich gegeben hat. Sie basieren auf Verfahren, die ich als Staatsanwältin selbst bearbeitet und verhandelt habe. Aus rechtlichen Gründen musste ich sie alle natürlich zumindest so weit abwandeln, dass sich niemand mehr wiedererkennen kann. Sollten Sie sich also an eine Person oder eine Begebenheit erinnert fühlen, seien Sie sicher, dass es sich dabei um ein Versehen oder puren Zufall handelt.

Dann erlaube ich mir noch einmal auf mein Versprechen zurückzukommen, dass Sie auch ganz ohne juristische Vorkenntnisse mit mir auf Spurensuche gehen können. Sollten Sie dennoch über verschrobene juristische Begrifflichkeiten stolpern, blättern Sie ans Ende des Buches. Dort finden Sie ein Glossar mit den wichtigsten verwendeten Fachwörtern.

Apropos Fachwörter. Wie Sie sich vielleicht vorstellen können, haben viele Fachbegriffe, die ich als Staatsanwältin verwende, ihren Ursprung in den Gesetzestexten. Diese Gesetzestexte, wie etwa das Strafgesetzbuch, sind Ende des 19. Jahrhunderts entstanden. Eine Besetzung der Positionen in Staatsanwaltschaft und Gericht durch Frauen haben sich die damaligen Begründer des Gesetzes wohl nicht vorstellen können. Entsprechend verwendeten sie zur Bezeichnung sämtlicher Prozessbeteiligter das generische Maskulinum. Weil wir heute aber natürlich wissen, dass das ein wenig kurz gedacht war, möchte ich es anders halten. Gehen Sie deshalb im Folgenden bitte davon aus, dass bei Verwendung eines konkreten Geschlechts eine konkrete Person gemeint ist. Sofern ich keinen Bezug auf konkrete Personen nehme, werde ich eine neutrale Formulierung nutzen. Sollte ich in Bezug auf konkrete Normen lediglich das generische Maskulinum verwenden, bitte ich um Verzeihung. Es entspricht meinem Beruf, jedoch nicht meiner persönlichen Einstellung.

Mein erster Arbeitstag als Staatsanwältin

… oder wie man
einen Reisebus verliert

An meinem ersten Arbeitstag als Staatsanwältin fühlte ich mich ein bisschen wie Harry Potter. Als wäre ich unter Muggeln aufgewachsen und stürzte plötzlich mitten hinein in die Welt der Zauberer. Ich war ehrfürchtig und absolut ahnungslos. Mir flatterte der Magen, wie vor einer Fahrt mit der Achterbahn. Meinen Weg in die Justiz – ich auf dieser Seite des Rechtsstreits –hatte ich absolut nicht kommen sehen. Und er passte auch eigentlich gar nicht zu mir, wie ich mir heimlich eingestehen musste. Eigentlich hätten die Dinge sich anders entwickeln sollen, doch manchmal sind Pläne wohl dazu da, um über den Haufen geworfen zu werden.

Mein Start in das Arbeitsleben bei der Staatsanwaltschaft beendete im Grunde eine kleine Selbstfindungsphase. Vor dem Examen war mir eigentlich glasklar, dass ich Anwältin werden würde. Ich hatte meine ganze Ausbildung auf eine Spezialisierung im Handels- und Gesellschaftsrecht ausgerichtet. Der universitäre Schwerpunkt, die Praktika, meine Nebenjobs, ein Auslandsaufenthalt – all das diente der Vorbereitung von Bewerbungen bei großen, schicken, internationalen Kanzleien. Aber dann kamen die Examensergebnisse. Und mit ihnen kam ein Brief des Justizministeriums. Er enthielt eine Einladung zu einem Vorstellungsgespräch für eine Stelle in der Justiz. Das versetzte mich in eine viermonatige Schockstarre.

Warum? Sagen wir, mit der Justiz ist es ein bisschen so wie mit Hogwarts, dieser Schule für Zauberei aus den Harry-Potter-Büchern. Wie schon gesagt, man bekommt einen Brief aus dem Ministerium. Zugegeben, nur aus dem Ministerium der Justiz und nicht aus dem für Hexerei und Zauberei, aber ich hielt das Justizministerium damals für ähnlich magisch. Die Wahrscheinlichkeit, eine Einladung aus dem Justizministerium zu bekommen, ist am Ende nämlich in etwa so groß wie die, dass der berühmte Brief aus Hogwarts einflattert. Für mich hätte ich jegliche Möglichkeit ausgeschlossen.

Für den sagenumwobenen Brief aus dem Justizministerium muss man natürlich zuerst einmal Jura studieren (und das ist, weiß Gott, schon schwierig genug). Dann muss man ein Referendariat durchlaufen und schließlich sollte man beide Examina mit einem Prädikat abschließen. Ein Prädikat, das ist ein sogenanntes »vollbefriedigendes Ergebnis«. Und das entspricht quasi der Fähigkeit zu zaubern.

Ich konnte nie zaubern. Ich war ein Muggel, eine absolut durchschnittliche Studentin. Ich ging gern mit meinen Freunden tanzen. Mehrmals wöchentlich. Ich schwänzte gern die frühen Vorlesungen. Vor allem die im öffentlichen Recht. Na ja, eigentlich war es bei denen egal, zu welcher Tageszeit sie stattfanden, die ließ ich aus Prinzip aus. Ich hatte ein Sozialleben. Mit Freunden, Familie und Sport. Das ist für Jurastudierende zwar gut möglich, aber auch nicht unbedingt typisch. So ein Prädikat, und damit die Möglichkeit, Staatsanwältin oder Richterin zu werden, lag für mich also in unerreichbarer Ferne. Ich hatte sie überhaupt nicht in Betracht gezogen. Deshalb hatte ich meine Ausbildung eben auf eine Karriere in der Anwaltschaft ausgerichtet. Das war mein Plan. Noten spielten für mich dabei eine untergeordnete Rolle.

Aber dann kamen die Examina. Und Gott sei Dank bin ich rechtzeitig aufgewacht. Gott sei Dank hat meine ehrgeizige Kommilitonin Marie uns zu einem Klausurenkurs angemeldet. Gott sei Dank bin ich mit Pauken und Trompeten durch die Probeklausuren gefallen. Und Gott sei Dank bekam ich Angst. Große Angst. Existenzielle Angst. Die Durchfallquoten im

Jurastudium sind hoch. Schon im ersten Semester hatte mein Professor gesagt: »Schauen Sie sich um. Schauen Sie Ihre Sitznachbarn zu Ihrer Linken und zu Ihrer Rechten an. Und machen Sie sich bewusst, dass Sie, statistisch gesehen, nach dem Examen allein hier sitzen werden.«

Zwei von dreien schaffen es nicht. Zwei von dreien studieren Jura und haben am Ende trotzdem keinen Abschluss. Dann ist man quasi Abiturient mit Führerschein. Nach fünf Jahren Studium. Das wollte ich nicht. Auf keinen Fall. Ohne Abschluss kann man nämlich auch nicht Anwältin werden. Und so habe ich gelernt. Ein Jahr lang. Für jedes Examen. Ohne wissenschaftliche Abhandlungen zu lesen, ohne lange Ausführungen des Strafsenats oder des Bundesgerichtshofs zu studieren, ohne viel Chichi. Stattdessen mit einem kommerziellen Repetitor, einem Einpauker, der uns Woche für Woche den Stoff in Fällen und Übersichten aufbereitete und mundgerecht in unsere Köpfe stopfte. Meine Mutter zahlte an dieses Unternehmen ein kleines Vermögen. (Ich glaube, sie hatte insgeheim auch Angst. Aber noch heute sagt sie, die Rendite spräche ja für sich.)

Ich weiß nicht, ob es am Ende das Repetitorium war, die Angst oder doch das ständige Daumendrücken meiner Oma, oder ob ich vielleicht in der einen oder anderen Klausur ein bisschen zaubern konnte. Am Ende des Studiums hielt ich ein Examen mit Prädikat in Händen. Und am Ende des Referendariats ein zweites. Das war meine Eintrittskarte nach Hogwarts. Fast vier Monate habe ich sie angestarrt. Unschlüssig, was ich tun sollte. Ich hatte doch eigentlich alles darauf ausgelegt, Anwältin zu werden. Aber kann man so eine Einladung wirklich ignorieren? Kann man nicht nach Hogwarts gehen? Schließlich habe ich mich dazu entschieden, es zumindest einmal zu versuchen mit der Justiz. Harry Potter ist schließlich auch nicht einfach in der Besenkammer sitzen geblieben.

Wie die Auserwählte fühlte ich mich an meinem ersten Tag als Staatsanwältin nicht. Kein sprechender Hut, kein festliches Essen, mein erster Tag war weit weniger spektakulär, als ich erwartet hatte. Ich war in der Hauptstelle der Staatsanwaltschaft in Windeseile vereidigt worden.

»Guten Tag, guten Weg, heben Sie mal die Hand, lesen Sie mal diesen Text vor, hier Ihre Papiere, Abmarsch zu Ihrer Dienststelle.«

Das war alles. Nicht besonders ehrenhaft, wenn Sie mich fragen. Um Harry Potter hatte man damals mehr Gewese gemacht. Und so bin ich mit meinem kleinen alten Opel Corsa zu meiner Dienststelle gefahren. Die hatte ich mir natürlich nicht aussuchen können. Die Spezialabteilungen für Kapitaldelikte, Sexualverbrechen oder Cybercrime, von denen man als Strafrechtsfan vielleicht träumt, werden nämlich nicht mit Anfängern besetzt. Nein. Blutige Anfänger wie ich landen erst einmal in einer sogenannten allgemeinen Abteilung, in der quasi der große Kessel Buntes bearbeitet wird. Manch einer schafft es vielleicht auch schon zu Beginn in die Verkehrsabteilung. Ich landete in einer kleinen Außenstelle der Staatsanwaltschaft auf dem Land. Einer Außenstelle, in der es seit über zehn Jahren keine neuen jungen Kolleginnen und Kollegen mehr gegeben hatte.

Mein Abteilungsleiter war sehr nett, aber doch sichtlich verwirrt. Er war doch hier immer der Jüngste gewesen. Mit Mitte vierzig. Noch verwirrter waren meine (noch älteren) übrigen Kollegen. Ich war jünger als ihre eigenen Kinder. Ich war 25.

Und ich sollte Staatsanwältin sein? Glauben Sie mir, für mich war das mindestens genauso seltsam.

Mein Abteilungsleiter stellte mir meine Geschäftsstellenkraft vor. Frau Seitmann. Prima. Ich hatte nicht die leiseste Ahnung, was eine Geschäftsstelle eigentlich macht. Sie würde wohl in irgendeiner Form meine Arbeit unterstützen. Aber was sollte ich eigentlich machen? Im Fernsehen sitzt der Staatsanwalt ja immer hinter einem großen Schreibtisch, während die Dame aus der Geschäftsstelle das Telefon bewacht und den Kaffee kocht. Das konnte aber kaum der Realität entsprechen. Es war schon deshalb ausgeschlossen, weil ich ein eigenes Telefon zu bewachen hatte. Fürs Erste hoffte ich, dass Frau Seitmann selbst wissen würde, was sie zu tun hatte. Mir erklärte das nämlich erst mal niemand. Ich bekam meine Frau Seitmann, einen Schlüssel für mein Büro und viele Fächer in großen Schränken mit Unmengen großer roter Akten. Und eine Zahl. 301. Das war mein Referat. Jede Akte, auf der die 301 stand, gehörte mir.

Heute weiß ich, dass der Geschäftsstellenkraft einer Staatsanwaltschaft niemand erklären muss, wie sie ihre Arbeit zu machen hat. Diese wunderbaren Wesen arbeiten selbstständig. Sie haben immer den Überblick über die Verfahren im Referat und wenn man sich gut mit ihnen stellt, retten sie einem regelmäßig das Leben. Den Kaffee kocht man sich übrigens selbst. Zu dieser Erkenntnis bedurfte es jedoch noch einiger Wochen.

Heute weiß ich auch, was zur alltäglichen Arbeit der Staatsanwaltschaft gehört. Was man mit diesen unzähligen roten Akten machen muss, die sich täglich auf dem Schreibtisch, Boden und jedem anderen freien Platz zu hohen Türmen stapeln. Dass man schaut, was die Kolleginnen und Kollegen von der Polizei schon so ermittelt haben, dass man Verfügungen schreibt, um Zeugen vernehmen zu lassen. Wie man Durchsuchungsbeschlüsse und Haftbefehle beantragt. Wie man Anklagen formuliert und wie man sie vor Gericht verteidigt. Damals wusste ich das nicht. Gefühlt wusste ich gar nichts. Woher auch? Ich hatte gerade eben mein Studium und mein Referendariat abgeschlossen. In die Arbeit der Staatsanwaltschaft hatte ich damals nur knapp hineingeschnuppert. Längere Praktika und Nebenjobs hatte ich in Großkanzleien im Wirtschaftsrecht absolviert. Strafrecht und Strafprozessrecht kannte ich doch nur aus der Theorie. Meine Vorbereitung auf meinen ersten Arbeitstag als Staatsanwältin hatte daraus bestanden, ein kleines Praxishandbuch zu lesen. Das war eindeutig zu wenig.

Ich scheiterte schon an der ersten Akte. Ich hatte einen kleinen Stapel aus dem Fach von Frau Seitmann in mein Büro getragen und mich an den Schreibtisch gesetzt.

»Wenn du denkst, du schaffst das nicht, dann mach einfach immer eins nach dem anderen«, hatte mal ein lieber Kollege gesagt.

Also los, so schwer konnte das ja nicht sein. War es aber leider doch. Mein theoretisches Wissen half absolut nicht weiter. Bei gut der Hälfte der Akten erkannte ich nicht einmal, was man hier überhaupt weiter veranlassen könnte. Bei der anderen Hälfte hatte ich eine grobe Idee, was man machen könnte, aber nicht den leisesten Schimmer, wie das gehen könnte. Ich brauchte Hilfe.

Zu meinem Abteilungsleiter zu gehen war ausgeschlossen. Dieser Mann, der schon in sechs Monaten meine Beurteilung schreiben sollte, durfte auf keinen Fall von meiner völligen Unwissenheit erfahren. In einem leichten Anfall von Panik lief ich durch den Flur und versuchte, mich an die Gesichter zu den Namensschildern an den Türen zu erinnern. Es hatte eine kurze Vorstellungsrunde gegeben. Aber es war natürlich viel zu schnell gegangen, als dass ich mir direkt alle Namen hätte merken können. Mein Blick blieb an der Tür neben meinem Büro hängen. Kollege Liebherr war die Lösung. An ihn erinnerte ich mich, er hatte schon in der Vorstellungsrunde so sympathisch und gemütlich ausgesehen. Er war Ende fünfzig, hatte einen großen runden Bauch und einen Bart. Auf seinem Schreibtisch stand eine Kaffeetasse mit der Aufschrift »Dem lieben Vati«, die er sich beständig mit roter Fassbrause füllte. Hier konnte man bestimmt auch wirklich dumme Fragen stellen.

Also schnappte ich mir die erste Akte, bei der ich nicht weiterwusste. Die Akte gehörte zu einer Körperverletzung. Der Tathergang war einfach: A und B streiten, A sticht B mit einem Messer. Die Beweislage war ebenso einfach: A hatte es zugegeben, der B hatte jetzt nämlich etwas mit seiner Ex-Freundin. Und die Ex-Freundin hatte auch noch alles gesehen. Prima. Stand alles fein in der Akte drin, das war wohl »ausermittelt«. Doch warum in aller Welt klebte an der Akte eine Klarsichtfolie mit einem blutigen Messer? Es war nicht besonders groß, eher ein Buttermesser. Ganz klar, das war die Tatwaffe, also ein Beweismittel. Aber es gehörte wohl nicht in die Akte. Als Beweismittel gehörte es in die Asservatenkammer, sagte mein unsicheres Halbwissen. Aber wie kommt es da hin? Wie macht man das? Ich laufe ja wahrscheinlich eher nicht selbst mit dem Messer zur Polizei und gebe es ab?

»Herr Liebheeeerrrrr?« Ich klopfte zaghaft an den Türrahmen und blinzelte um die Ecke seiner Bürotür. »Ich habe da mal eine Frage.«

»Na, dann kommen Sie mal rein«, sagte Herr Liebherr aufmunternd und nahm meine Akte in Augenschein. Das sei ganz einfach mit den Asservaten, erklärte er. Manchmal bringe die Polizei die schon vorher weg, manchmal wären die noch in der Akte. Jedenfalls müsse man einfach nur auf einem Formblatt ankreuzen, dass das Asservat in die Asservatenkammer zu verbringen sei. Frau Seitmann schicke dann die Akte samt Beweismittel zurück zur Polizei und die mache dann genau das, was ich angekreuzt habe.

Das klingt leicht, dachte ich, bedankte mich für die kollegiale Unterstützung und setzte mich freudig wieder an meinen Schreibtisch. Zwei Kreuze und die erste Akte konnte erst mal zurück. Läuft doch. Und dann fand ich gleich noch eine Akte mit einem offenen Asservat. Sehr gut, das konnte ich ja jetzt schon, zwei Kreuze, ab in die Asservatenkammer und weiter ging es.

Am Ende des ersten Tages hatte ich die Hälfte des ersten Aktenstapels in einer wenig effektiven Variante von *trial and error* bearbeitet. Meine Freude darüber hielt allerdings nicht besonders lang an, denn schon am Morgen meines zweiten Arbeitstages erwartete mich ein wütender Anruf der Polizeidirektion.

Warum zur Hölle ich bitte angeordnet hätte, dass ein ganzer Reisebus in die Asservatenkammer verbracht werden soll?! Ein Reisebus passe nicht in eine Asservatenkammer!

Das klang logisch. Verdammt. Das musste wohl die zweite Akte mit dem Asservat gewesen sein. So ein Reisebus war einfach kein Buttermesser. Darauf hätte ich auch selbst kommen können. Ich stammelte eine Entschuldigung am Telefon und hätte vor Scham im Boden versinken können. Ich hoffe noch heute, dass die Kollegen von der Polizei meinen Namen jetzt nicht auf ewig mit dem unsinnigen Vorschlag verbinden würden, einen ganzen Reisebus in der Asservatenkammer zu parken. Ich versprach, mich sofort darum zu kümmern. Denn weil der Reisebus natürlich nicht in die Asservatenkammer passte, blockierte er jetzt den halben Dienstparkplatz der Polizeidirektion. Wohin nun aber mit dem Reisebus? Auch der gute Herr Liebherr konnte mir in diesem Fall leider nicht weiterhelfen.

»Der Reisebus muss weg«, stellte er nüchtern fest. »Sie müssen schauen, wem er gehört und ihn dann an den Eigentümer herausgeben.«

»Das ist jetzt aber doch Zivilrecht?!«, entfuhr es mir.

»Das stimmt. Manchmal bleibt uns auch das nicht erspart«, lachte Herr Liebherr und zuckte mit den Schultern.

Zivilrecht als Staatsanwältin? So hatte ich mir das nicht vorgestellt. Zivilrecht – das ist dieses Denkspiel dazu, wer welche Rechte gegen wen haben könnte, das sind die Rätsel um Besitz, Eigentum, Haftung und Rücktritt, das sind rechtliche Horrorszenarien zu Hypotheken und Drittschuldnern. Kurzum: Es ist kompliziert. Aber es half ja nichts. Ich musste herausfinden, wem der Reisebus gehörte.

Das Aufklären von Eigentumsverhältnissen im Zivilrecht ist ein bisschen wie Sudoku spielen. Man sucht die richtige Zahl, in diesem Fall eben den Paragrafen. Dabei darf man aber nicht nur ein kleines Kästchen beachten, man muss in viele Richtungen prüfen, ob das vermeintliche Ergebnis immer noch passt. Schauen wir uns das anhand unseres Reisebusses einmal genauer an. Man mag sich jetzt zunächst fragen, warum die Polizei überhaupt einen ganzen Reisebus als Beweismittel beschlagnahmt. Ganz ehrlich? Ich weiß es nicht. Ich bin bis heute nicht sicher, ob der Reisebus wirklich auf Fingerabdrücke untersucht werden musste oder ob die Kollegen auch einfach nicht wussten, an wen man den verlorenen Reisebus hätte geben sollen. Aber der Reihe nach. Wie also verliert man überhaupt einen Reisebus?

Der ursprüngliche Eigentümer des Reisebusses war zunächst ein redlicher Mann. Herr Trost hatte ein Reiseunternehmen. Der Bus gehörte zu seiner Flotte. Da er sich eines Tages einen neuen Bus zulegen wollte, inserierte er »meinen« Reisebus zum Verkauf im Internet. Dort wurden zwei deutlich weniger redliche Interessenten auf den Bus aufmerksam. Nennen wir sie Blum und Donnercarlson. Die beiden kontaktierten Herrn Trost und vereinbarten einen Besichtigungstermin. Zu diesem Termin erschienen Herr Trost mit seinem Sohn und natürlich Blum und Donnercarlson. Blum und Donnercarlson gaben vor, den Bus kaufen zu wollen. Zunächst wollten sie aber alle Papiere einsehen und eine Probefahrt machen.

Hier ein Tipp vorab: Falls Sie jemals ein Fahrzeug verkaufen möchten, lassen Sie dieses besser nicht mit den Papieren und dem potenziellen Käufer allein. Herrn Trost hatte zuvor leider niemand diesen Tipp gegeben. So begab er sich zusammen mit Blum und den Papieren des Reisebusses auf eine Probefahrt. Sein Sohn und Donnercarlson blieben am Reisebüro zurück. Im Verlauf der Probefahrt schlug Blum vor, kurz am Straßenrand zu halten, um die vom zuvor getrunkenen Kaffee gut gefüllten Blasen zu entleeren. Herr Trost war einverstanden. Nacheinander suchten die Herren die nächstgelegenen Büsche auf. Kaum dass aber Herr Trost mit heruntergelassener Hose am Straßenrand stand, gab Blum Gas und fuhr mit dem Reisebus davon. Ohne Herrn Trost. Auch Donnercarlson verließ unter einem Vorwand das Reisebüro. Herr Trost stand ohne seinen Bus, ohne die Papiere und leider sogar ohne Portemonnaie und Handy am Straßenrand. Bis er Gelegenheit hatte, die Polizei zu verständigen, waren Blum und Donnercarlson mit dem Reisebus längst über alle Berge. Ein so weit ziemlich geschicktes Verbrechen (na ja, rechtlich genau genommen eher ein Vergehen, aber sei's drum ...).

Aber Blum und Donnercarlson wollten kein eigenes Reiseunternehmen eröffnen. Sie waren Diebe und Hehler, also verkauften sie den Reisebus. Sie verkauften ihn an den ebenfalls redlichen Herrn Gutmuts. Herr Gutmuts zahlte stolze 135.000 Euro und war der festen Überzeugung, ein gutes Geschäft zu machen. Der Bus war gut ausgestattet und in gepflegtem Zustand. Die Papiere dazu erhielt er schließlich auch. Ungünstigerweise musste er bei seinem Versuch, den Reisebus in der Kfz-Zulassungsstelle anzumelden, feststellen, dass er einen gestohlenen (oder verlorenen?) Bus gekauft hatte. Und er wandte sich an die Polizei. Diese wiederum wandte sich an mich. Und ich sollte nun entscheiden, was mit dem Bus passieren sollte. Gegen Blum und Donnercarlson ermitteln sollte ich auch.

Die strafrechtlichen Ermittlungen stellten sich dank einiger guter Aufnahmen einer auf dem Grundstück des Herrn Gutmuts installierten Überwachungskamera und bereits hinterlegter Bilder der beiden in den polizeilichen Datenbanken als gar nicht so kompliziert heraus. Es verblieb der Reisebus. Im wahrsten Sinne des Wortes. Herr Trost wollte den Reisebus gern zurück. Schließlich wurde er ihm gestohlen, meinte er. Herr Gutmuts wollte den Bus natürlich auch haben, schließlich hatte er ihn ja bezahlt. Und die örtliche Polizeidirektion wollte das riesige Gefährt von ihrem Dienstparkplatz loswerden. So schnell wie möglich.

Falls Sie gern Sudoku-Rätsel lösen, möchte ich Ihnen folgendes Gehirnjogging zu unserem Reisebus vorstellen: Wem gehört der Reisebus?

Wir Juristinnen und Juristen pflegen gemeinhin Eigentumsverhältnisse chronologisch zu analysieren. Also fangen wir von vorn an. Der ursprüngliche Eigentümer des Reisebusses war Herr Trost. Daran bestand kein Zweifel. Wenn er es immer noch wäre, könnte ich den Reisebus an ihn zurückgeben. Das wäre prima. Die Frage ist also: Hat der Herr Trost sein Eigentum verloren? Durch den Trick von Blum und Donnercarlson jedenfalls nicht. Natürlich hatten ihm die beiden den Reisebus samt Papieren abgeluchst. Das reicht nach deutschem Zivilrecht aber noch nicht, um auch Eigentum zu erlangen. Eigentum erlangt man nach § 929 des Bürgerlichen Gesetzbuchs durch Einigung und Übergabe. Man muss sich also einig sein, dass das Eigentum übergehen soll. Der gute Herr Trost hatte dem Blum den Reisebus samt Papieren ja nur für eine Probefahrt übergeben, er wollte sicher nicht, dass der Blum (ohne zu zahlen!) seinen Reisebus bekommen soll.

Was ist nun aber mit dem Herrn Gutmuts? Der war sich schließlich mit Blum und Donnercarlson einig, dass er Eigentümer des Reisebusses werden sollte. Aber der Reisebus gehörte ja eigentlich noch dem Herrn Trost, oder nicht? Macht nichts, sagt § 932 des Bürgerlichen Gesetzbuchs. Wer »in gutem Glauben« ist, also nicht weiß, dass der Verkäufer gar nicht der rechtmäßige Eigentümer ist, der kann »gutgläubig erwerben«. Ist der redliche Herr Gutmuts jetzt also Eigentümer, weil er nicht wusste, dass Blum und Donnercarlson den Reisebus eigentlich gar nicht verkaufen konnten? Das wäre zu einfach, sagt § 935 des Bürgerlichen Gesetzbuchs. Nach § 935 des Bürgerlichen Gesetzbuchs tritt der gutgläubige Erwerb nicht ein, wenn dem Eigentümer die Sache gestohlen worden, verloren gegangen oder sonst abhandengekommen ist. Es kommt also darauf an, wie Herr Trost seinen Reisebus verloren hat. Oder ob er ihm vielleicht sogar gestohlen worden ist. Und damit heiße ich Sie willkommen zurück im Strafrecht!

Wir müssen uns also noch einmal genau angucken, wie Blum und Donnercarlson Herrn Trost den Reisebus abgeluchst haben. Ein Diebstahl mag hier der erste Gedanke sein. Der Diebstahl nach § 242 des Strafgesetzbuchs setzt voraus, dass man eine fremde bewegliche Sache wegnimmt. Nun war der Reisebus für Blum und Donnercarlson zwar fremd und beweglich, aber haben sie ihn auch weggenommen? Der Herr Trost hatte dem Blum ja selbst den Schlüssel und die Papiere gegeben, war mit ihm zur Probefahrt aufgebrochen. Ist das nicht vielleicht eher ein Weggeben? Ist das also ein Diebstahl? Oder eine Unterschlagung? Oder gar ein Betrug? Diese Abgrenzung ist gar nicht so einfach. Es geht um rechtliche Fragen wie die Grenzen des Gewahrsams, um freiwillige Besitzüberlassung und natürlich die einschlägige Rechtsprechung des Bundesgerichtshofs. Wenn Ihnen das jetzt zu kompliziert wird, kann ich Sie beglückwünschen, Sie sind ein normaler Mensch. Finden Sie diese vermeintlich trockenen Gedankengänge jetzt erst richtig spannend, sind Sie enttarnt, Sie haben Jura studiert. Oder sollten vielleicht zumindest darüber nachdenken.

Kürzen wir eine umfangreiche und komplizierte rechtliche Prüfung ab: Für mich war das Ganze am ehesten ein Trickdiebstahl, ich habe den Reisebus an Herrn Trost herausgegeben. Ob es im Nachgang noch ein zivilrechtliches Verfahren dazu gegeben hat, ob die beiden noch weiter gestritten haben oder ob Blum und Donnercarlson den armen Herrn Gutmuts je entschädigen konnten, weiß ich nicht. Ich bin ja schließlich am Ende nur für das Strafverfahren zuständig. Was ich aber gelernt habe?

1. Kollegialer Rat von erfahrener Seite kann ungemein hilfreich sein.
2. Auch als Staatsanwältin kann man auf Zivilrecht treffen (es kommt sogar häufiger vor, als man denkt).
3. Man sollte nicht in den Büschen verschwinden, wenn die Papiere noch im Auto liegen.
4. Ein Reisebus passt nicht in eine Asservatenkammer.

Von kapitalen Anfängerfehlern, Teil I

… oder warum man manchmal
die falsche Leiche seziert

»Und jedem Anfang wohnt ein Zauber inne«, hat Hermann Hesse gesagt. Ein Zauber wohnte meiner Anfangszeit eher nicht inne. Dafür eine erschreckend hohe Fehlerquote. Heute weiß ich, dass wir alle mit einer wilden Mischung aus Fachwissen, Bauchgefühl und *trial and error* anfangen.

»Hundert Tage Einarbeitungszeit hat jeder Politiker«, sagte meine Mutter immer, »also stehen die dir ja wohl auch zu.«

Und es wurde tatsächlich besser. Ich lernte. Aus Büchern, aus Akten, von den Kollegen. Und aus meinen Fehlern. Manche Fehler habe ich mehrfach gemacht, andere waren derart kapital, dass sie mir (hoffentlich) in meiner Laufbahn nicht noch einmal passieren. Manche Fehler beruhten auf mangelndem Wissen, andere auf mangelnder Erfahrung. Die meisten meiner Fehler kosteten glücklicherweise in erster Linie Geld. Ich habe das eine oder andere Gutachten einholen lassen, was ich heute wahrscheinlich nicht mehr bräuchte. Viele Fehler kosteten Nerven und Zeit, weil ich mit der Formulierung einer ganzen Anklage von vorn anfangen musste oder mir die Vernehmung von fünf Zeugen hätte sparen können. Und manche Fehler waren ziemlich peinlich. Besonders peinlich kann zum Beispiel die Auswahl der falschen Leiche für die Sektion werden.

Mit den Leichen ist das so eine Sache. Nicht jeder Verstorbene wird in Deutschland automatisch obduziert. Aber zu jedem Todesfall wird ärztlicher Rat hinzugezogen und festgestellt, ob die Person, die da liegt und nicht mehr atmet, auch wirklich tot ist. Bei Leichen, die schon seit mehreren Wochen verwesen, ist das obsolet. Gerade bei Herzinfarkten oder bewusstlosen Personen mit besonders niedrigem Blutdruck soll es da aber durchaus schon zu Verwechslungen gekommen sein. Der Arzt oder die Ärztin füllt jedenfalls ein kleines Protokoll aus und kreuzt an, ob es sich um einen natürlichen oder nicht natürlichen Tod handelt. Einen nicht natürlichen Tod erleiden dabei beinahe alle, die nicht zufällig friedlich im eigenen Bett einschlafen. Dann kann eine Todesursache eingetragen werden, woraufhin die Leiche (oder zumindest die Akte dazu) bei der Staatsanwaltschaft landet. Während meiner Einarbeitungszeit blieb ich von den sogenannten Leichensachen noch verschont. Aber relativ schnell landeten wöchentlich drei bis fünf Leichen auf meinem Schreibtisch.

Die Leichen beziehungsweise die dazugehörigen Akten kamen meistens zusammen mit Herrn Grube von der Kriminalpolizei in mein Büro. Ich fand den Namen des zuständigen Kriminalhauptkommissars für unnatürliche Todesfälle vom ersten Zusammentreffen an unfassbar ironisch. Die Kollegen der Staatsanwaltschaft haben das aber irgendwie nie verstanden. Herr Grube kam am Anfang immer kurz vor der Mittagspause. Mit einer meist noch recht dünnen Akte schlenderte er in mein Büro und wünschte möglichst zeitnah eine erste Einschätzung. Herr Grube war Profi, er beschäftigte sich den gesamten Tag lang mit nichts anderem. Er konnte mir von den sichtbaren Verletzungen der Leiche oder dem Stand des Verwesungsprozesses erzählen und dabei ein Leberwurstbrötchen kauen. Bei mir sah das aber anders aus. Ich hatte mit Leichen naturgemäß noch nicht ganz so viel zu tun gehabt. Und die umfangreichen Lichtbildmappen mit Fotos der Leiche aus allen nur erdenklichen Winkeln hatten es bisweilen ganz schön in sich. Ich musste mir regelmäßig zur Sicherheit den metallenen Papierkorb an den Schreibtisch heranziehen. Nachdem Herr Grube mich das erste Mal bleich im Gesicht und mit Schnappatmung am offenen

Bürofenster hatte stehen sehen, nahm er Rücksicht auf meinen etwas empfindlichen Magen. Er brachte die Akten zu den Leichensachen künftig nach der Mittagspause. Dann konnte mir wenigstens nicht mehr der Appetit vergehen.

Meinen ersten Kontakt zu echten Leichen hatte ich bereits im Referendariat gehabt. Ich hatte an einem Gruppenpraktikum der Staatsanwaltschaft teilgenommen. Zu diesem Praktikum gehörten auch ein Besuch der Gerichtsmedizin und die Teilnahme an mehreren Obduktionen. Warum?

»Sie müssen eine Obduktion und die Leichen einfach mal gesehen haben«, erklärte der Oberstaatsanwalt, der unser Praktikum leitete, »Sie verstehen sonst nie einen Obduktionsbericht.«

Das kann ich heute bestätigen.

»Außerdem können Sie im Bereitschaftsdienst nicht den Tatort vollkotzen, nur weil Sie gerade das erste Mal eine Leiche sehen.«

Auch das kann ich bestätigen. Der Anblick und vor allem der Geruch einer Leiche haben besonders beim ersten Zusammentreffen ziemlich starke Auswirkungen auf Körper und Geist. Der Anblick von Blut, von schweren Verletzungen suggeriert unserem Unterbewusstsein eine Gefahrensituation. Hier ist jemandem etwas Schlimmes passiert, das könnte mir auch passieren, denkt unser Körper und wechselt automatisch in einen Abwehrbeziehungsweise Fluchtmodus. Das wiederum führt zu Übelkeit, Schwindel oder Ohnmacht. Eine deutlich stärkere Wirkung als vom bloßen Anblick einer Leiche geht von ihrem Geruch aus. Leichen riechen süßlich verwest, ein bisschen vergoren, irgendwie wie im Kühlschrank vergessener Obstsalat. Mit Fleisch.

Unterbewusstsein und Körper bekommen bei dem Geruch und dem Anblick einer Leiche eine kleine Panikattacke. Von Leichen muss man sich fernhalten, die sind nicht ohne Grund gestorben, das könnte ansteckend sein. Und schon kotzt man den Tatort voll. Oder eben den Obduktionssaal. Glücklicherweise tritt mit häufiger Übung ein Gewohnheitseffekt ein. Wenn man oft genug Blut und schwere Verletzungen gesehen hat, registrieren auch Unterbewusstsein und Körper, dass allein durch den Anblick abgetrennter Gliedmaßen nicht automatisch das eigene Bein abfällt und dass der Zustand der toten Menschen auf dem Obduktionstisch in der Regel nicht ansteckend ist.

Bei diesem ersten Besuch in der Gerichtsmedizin kämpften meine Referendariatskolleginnen und -kollegen und ich hart mit unserem Körper und dem Unterbewusstsein. Wir waren mit einer etwa 15-köpfigen Gruppe gestartet. Der Kreis sollte sich schnell verkleinern. Es gab zunächst eine kleine Führung, ein paar Erklärungen zu den Aufgaben der Gerichtsmedizin und zur Ausstattung der Klinik. Bis dahin war die Gruppe noch vollständig. Aber dann hieß es rein in die Kittel und ab in den Obduktionssaal. Eigentlich hatten wir Glück. Unsere erste Leiche war ein 35 Jahre alter Motorradfahrer. Er war frisch vom Vortag, bis auf ein paar Brüche und innere Verletzungen recht gut erhalten und noch recht wenig geruchsintensiv. Dass eine Leiche in so gutem Zustand ein Glücksfall war, konnten wir damals natürlich noch nicht angemessen würdigen. Wir waren stattdessen völlig schockiert davon, dass der junge Mann kaum älter war als wir. Und natürlich davon, dass er da überhaupt tot auf dem Obduktionstisch lag. Schon beim ersten Anblick der Leiche musste gut die Hälfte der Referendariatsschar deshalb den Saal verlassen. Ich gehörte noch nicht dazu. Ich hatte mich vorbereitet. Ein paar YouTube-Videos, damit man weiß, was kommt, können ungemein hilfreich sein. Meine beste Freundin studierte damals Medizin und hatte mir eine ihrer liebsten Playlists zu Obduktionsvideos empfohlen. Das klingt makaber, funktioniert aber tatsächlich.

So eine Obduktion verläuft relativ nüchtern. Erst die äußere Leichenschau, dann die innere Obduktion, die Körperhöhlen werden geöffnet, die Organe untersucht und manchmal werden Gewebeproben entnommen. Alles wird protokolliert, und anschließend werden alle Öffnungen, sofern sie denn nicht zur natürlichen Ausstattung des Körpers gehören, wieder mehr oder weniger ordentlich vernäht. Unsere Leiche wurde zuerst auf den Bauch gelegt. Der Motorradfahrer war ohne sein Motorrad mit der Leitplanke kollidiert, es galt also, multiple Aufschlagstellen und Einblutungen zu finden. Dazu wurde die Haut am Rücken längs aufgetrennt, ein Schnitt nach unten, ab Höhe der Hüfte geteilt zwei Schnitte nach links und rechts. Dann klappte der Gerichtsmediziner die Haut nach oben und schob sie in Richtung Hals, ein bisschen als würde er eine Orange schälen. Er wollte schauen, ob darunter innere Verletzungen lagen. Beim Anblick des roten Fleisches unter der Haut verließen die nächsten aus dem Kollegenkreis den Saal. Denn so nüchtern der Ablauf in der Theorie klingt, es kostete große Überwindung, dem Gerichtsmediziner bei der Arbeit mit dem Skalpell zuzusehen. Bis dahin hatte ich das Prozedere noch ganz gut weggesteckt. Ich versuchte, mich an den Ablauf der Obduktionen aus den Videos zu erinnern und mich auf die Worte des Gerichtsmediziners zu konzentrieren. Immer schön sachlich bleiben, das ist eine gute Strategie, redete ich mir ein. Der Gerichtsmediziner erklärte, was er warum wie aufschnitt und was man wo sehen und erkennen konnte. Es war wirklich interessant. Dann wurde der junge Mann gewendet. Der Gerichtsmediziner nahm eine Art kleine Kreissäge zur Hand und begann damit, einmal um den Schädel des Motorradfahrers herum zu schneiden. Ich fühlte mich an einen Horrorfilm erinnert. Als er den Schädel schließlich wie eine halbierte Kokosnuss aufklappte, um das Gehirn zu untersuchen, musste ich das erste Mal den Saal verlassen.

Es dauerte etwa eine Dreiviertelstunde, bis mein Magen und mein Kreislauf sich wieder beruhigt hatten. In der Zwischenzeit hatte ich die restliche Obduktion des Motorradfahrers verpasst. Er war schon wieder zugenäht. Der Gerichtsmediziner hatte bereits mit der Obduktion der nächsten Leiche begonnen. Also gut, auf ein Neues, dachte ich und schlich tapfer wieder in den Obduktionssaal. Dort war nur noch ein Kollege übrig geblieben. Mir war auch schnell klar, warum. Bei der nächsten Leiche handelte es sich um eine Wasserleiche. Sie roch nicht mehr nur nach verwestem Obstsalat, sondern wirklich, wirklich übel. Es erinnerte mich an verbranntes und gleichzeitig verfaultes Horn. Die Assistentin des Gerichtsmediziners hatte wohl Mitleid mit mir. Sie reichte mir stillschweigend ein kleines Gläschen Hustensalbe. Der scharfe Geruch von Eukalyptusöl und Kampfer sollte den süßlich-fauligen Geruch der Leiche überdecken. Ich rieb etwas von der Salbe direkt unter die Nase. Im unmittelbaren Duell mit der Wasserleiche ging WICK VapoRub allerdings mit wehenden Fahnen unter. Auch optisch hatte die Leiche nicht mehr viel mit einem Menschen gemein. Sie war aufgequollen und dabei ziemlich aus der Form geraten. Die Haut, oder zumindest das, was auch immer da noch Teile des Körpers bedeckte, war ledrig und dunkelbraun-grün. Die Assistentin schöpfte gerade die Darmorgane mit einer Kelle ab. Sie hatten sich bereits nahezu vollständig aufgelöst. Ich habe dieser Obduktion etwa fünf Minuten folgen können, dann hatte mein Körper mir erfolgreich den absoluten Notstand erklärt.

Als Staatsanwältin erreichen mich die Leichen beziehungsweise die dazugehörigen Akten meistens im Büro und nicht im Obduktionssaal. Das ist trotz der potenziellen Auswirkungen auf meine Mittagspause die vergleichsweise deutlich angenehmere Variante. Auf meinem Schreibtisch landet grundsätzlich erst mal jeder Todesfall, der aus medizinischer Sicht am Ort des Geschehens als »nicht natürlich« eingestuft wurde. Das sind von Gerüsten gefallene Bauarbeiter, von Bäumen erschlagene Förster, aber auch Unfalltote und in Krankenhäusern oder Pflegeheimen verstorbene Patientinnen und Patienten. Ich bewerte dann die Bilder, die ärztlichen Ausführungen und die ersten Ermittlungen der Polizei. Dann entscheide ich, ob eine Obduktion notwendig ist oder nicht. Stellt sich bei der Obduktion heraus, dass der Tod durch ein Fremdverschulden verursacht worden ist, gebe ich das Verfahren an die zuständige Abteilung für Kapitalverbrechen ab. Die Entscheidung, wann man obduzieren lässt und wann nicht, ist nicht immer einfach. Die Familie hat meistens ein Interesse daran, die Leiche der Verstorbenen möglichst schnell wiederzubekommen, um die Beerdigung organisieren zu können. Verstorbene möchten eher nicht ohne Grund aufgeschnitten werden (glaube ich zumindest). Und schließlich ist so eine Obduktion auch recht teuer. Wir kalkulieren etwa zwei- bis dreitausend Euro, je nach Aufwand. Für eine histologische Untersuchung, das heißt eine Laboranalyse auf Gifte und schädigende Stoffe, löhnen wir noch mal ein- bis zweitausend Euro zusätzlich. Trotzdem habe ich mich, wenn ich unsicher war, lieber für eine Obduktion entschieden. Ich denke, es ist besser, ab und an jemanden umsonst zu obduzieren, als zu übersehen, dass ein Opfer nicht auf natürliche Weise gestorben ist. Gerade am Anfang bin ich dabei aber manchmal auch über das Ziel hinausgeschossen. Einmal sogar mit Schwung.

Bei Rolf Heine war ich ziemlich sicher, meinen ersten Giftmord entdeckt zu haben. Herr Heine war 86 Jahre alt. Er war mit starker Übelkeit und Kreislaufbeschwerden ins Krankenhaus eingeliefert worden, hatte sich erbrochen und war dann umgehend an Herzversagen verstorben. Im Normalfall hätte ich hier keine Obduktion angeordnet. Er war noch nicht einmal ärztlich behandelt worden, sodass ein medizinischer Fehler ausgeschlossen war. Allerdings hatte der Arzt notiert, dass das Erbrochene von Herrn Heine giftgrün gewesen sei. Die Kollegen der Polizei hatten das Erbrochene sicherheitshalber asserviert. Es lag (ungelogen!) in meiner Akte. In einem durchsichtigen Plastikbeutel, versteht sich. Und es war wirklich giftgrün. Und Herr Heine war laut Aussage seiner Tochter zuvor gesund und fit gewesen. Also war für mich die Sache klar. Herr Heine war vergiftet worden. Ich ordnete also eine Obduktion an. Mit vollständiger histologischer Untersuchung. Die Leiche von Herrn Heine wurde direkt aus dem Krankenhaus in die Gerichtsmedizin gefahren.

Während Herr Heine unterwegs zur Gerichtsmedizin war, rief die Polizei an. Im Zuge der weiteren Ermittlungen hatte die Polizei die Ehefrau von Herrn Heine vernommen. (Bei einem Giftmord ist es doch schließlich meistens die Ehefrau, oder?) Entgegen meinen Erwartungen wirkte Frau Heine aber keinesfalls wie der Stereotyp der Schwarzen Witwe. Die alte Dame schien untröstlich und schrecklich betroffen über das plötzliche Ableben ihres geliebten Ehemannes. Fast fünfzig Jahre seien sie verheiratet gewesen, erzählte sie weinend den Polizeibeamten und hielt dabei ein Foto des verstorbenen Gatten in der Hand.

Mordende Ehefrauen verhalten sich wohl anders, wurde mir langsam klar. Doch es war bereits zu spät. Frau Heine legte kein umfassendes Geständnis ab. Sie zeigte den Kollegen stattdessen einen Sirup mit Waldmeistergeschmack, mit welchem Herr Heine im Sommer gern sein Bier versetzte. Wie Berliner Weiße quasi. Sie zeigte den Kollegen außerdem das Glas, das Herr Heine geleert hatte, bevor ihm so schlecht geworden war. Wie Sie sich vielleicht denken können, enthält Waldmeistersirup einen nicht unwesentlichen Anteil grüner Lebensmittelfarbe. Das ließ meine Theorie mit dem Giftmord ziemlich unwahrscheinlich werden. Ich wäre am liebsten im Boden versunken. Aber das ging natürlich nicht. Also versuchte ich zu retten, was zu retten war. Ich rief umgehend den zuständigen Rechtsmediziner an, um die Sektion abzublasen. Ohne Erfolg. Als ich die Gerichtsmedizin erreicht hatte, lag Herr Heine schon fein säuberlich aufgeschnitten auf dem Obduktionstisch. Der Rechtsmediziner konnte die Todesursache eindeutig feststellen. Herr Heine hatte einen herkömmlichen Herzinfarkt erlitten. Allein deshalb hatte er sich übergeben. Die histologische Untersuchung des Mageninhalts ergab keinen Befund. Kein Gift. Nur Waldmeistersirup. Das war aus meiner Sicht enttäuschend. Und teuer. Und auch unglaublich peinlich. Aber trotzdem richtig. Denn andere Leichen haben mir gezeigt, dass hinter einem scheinbaren Herzinfarkt manchmal mehr steckt, als man zunächst vermutet. Und dass mein Bauchgefühl mich in den meisten Fällen nicht im Stich lässt.

So war es bei Markus Fahrmann. Als er unverhofft aus dem Leben gerissen wurde, war er gerade einmal 42 Jahre alt. Markus arbeitete als Versicherungsmakler. Wer ihn äußerlich beschrieb, würde das Bild eines erfolgreichen, sportlichen, gut aussehenden und charmanten Mannes zeichnen. Gemeinsam mit seiner Frau lebte er in einem edel eingerichteten Häuschen am Stadtrand, Kinder hatten die beiden nicht. Wenn Markus Fahrmann nicht arbeitete, verbrachte er seine Zeit gern auf dem Fußballplatz. Früher war er einmal ein recht erfolgreicher Spieler gewesen, eine kleine Lokalprominenz, könnte man sagen. Mittlerweile war er Trainer der örtlichen Jugendmannschaft. Jeden Donnerstagabend stand er am Fußballplatz und trainierte die Kinder und Jugendlichen. An den Wochenenden fuhr er mit seiner Mannschaft zu den Spielen. Markus Fahrmann soll ein sehr leidenschaftlicher Trainer gewesen sein. Mancher munkelte, seine Leidenschaft hätte sich sogar auf die eine oder andere Mutter seiner Schützlinge erstreckt. Aber dazu kann ich natürlich nichts Konkretes sagen.

Eines Sonntagnachmittags kam Markus nach einem Fußballspiel seiner Mannschaft nach Hause. Er genehmigte sich eine Dusche und ging dann in die Küche, um die Reste des Mittagessens, das seine Frau Mahreen zubereitet hatte, in der Mikrowelle zu erwärmen. Er war zu spät nach Hause gekommen, seine Frau hatte bereits gegessen. Während sich der Teller mit Schnitzel und Mischgemüse in der Mikrowelle drehte, brach Markus Fahrmann in der Küche zusammen. Er verstarb auf dem Fußboden, während Mahreen Fahrmann auf der Couch in einer Zeitschrift las.

Als Mahreen ihren Mann fand, war er schon tot. Das sagte sie zumindest. Der Notarzt, der den Tod feststellte, war sich hinsichtlich der Todesursache nicht ganz sicher und vermerkte »keine Anhaltspunkte für Fremdeinwirkung, wahrscheinlich Herzinfarkt« im Protokoll. Und so landete Herr Fahrmann auf meinem Schreibtisch. Mehrmals las ich mir die Akte durch, sah mir die Fotos der Leiche an. Einen inneren Film vor Augen, ließ ich die Szene immer und immer wieder abspielen. Doch es blieben Unsicherheiten und Fragezeichen. Wie lange hatte Markus tot in der Küche gelegen, bis seine Frau ihn fand? Wann hatte sie es bemerkt? Weil Herr Fahrmann noch recht jung war und das unsichere Statement des Notarztes mein Bauchgefühl nicht befriedigte, ließ ich Herrn Fahrmann obduzieren. An einen Giftmord der Ehefrau glaubte ich in diesem Fall nicht. Doch ein natürlicher Tod unter diesen Umständen erschien mir auch seltsam. Die Obduktion sollte also Klarheit bringen. Tatsächlich stellte sich im Rahmen der gerichtsmedizinischen Untersuchungen heraus, dass Herr Fahrmann keinen Herzinfarkt erlitten hatte, wie der diensthabende Notarzt vermutete. Der Gerichtsmediziner fand Speisereste in seiner Luftröhre und in seiner Lunge. Herr Fahrmann hatte wohl einen großen Bissen des Schnitzels genascht, bevor er den Teller in die Mikrowelle gestellt hatte. Tod durch Ersticken, lautete die Diagnose der Gerichtsmedizin. Markus Fahrmann hatte sein Schnitzel ordentlich in den falschen Hals bekommen. Er hatte sich wahrscheinlich verschluckt, dann gewürgt und den Mageninhalt in Luftröhre und Lunge bekommen. So viel zum Obduktionsbericht. Doch die Geschichte ließ mir immer noch keine Ruhe. Das Haus hatte eine offene Küche, diese ging unmittelbar in das Wohnzimmer über. Darin befand sich zur selben Zeit Mahreen Fahrmann auf der Couch. Mit einer Zeitschrift, wie sie selbst angab. Hätte sie den Todeskampf ihres Mannes nicht mitbekommen müssen? Das Lesen der Zeitschrift dürfte keine Nebengeräusche verursacht haben. Das Ersticken an einem Schnitzel unter Umständen schon. Ich erinnerte mich noch, dass sie angegeben hatte, sogar den Piepton der Mikrowelle gehört zu haben. War es dann nicht seltsam, dass sie vom Kampf ihres Mannes mit dem Schnitzel und dem anschließenden Sturz zu Boden nichts mitbekommen hatte? Wenn ein Fußballtrainer mit gut achtzig Kilo Kampfgewicht auf dem Fliesenspiegel aufschlägt, sollte das wohl mindestens die Lautstärke der Mikrowelle erreichen, oder etwa nicht? Die Leiche wies auch keinerlei Spuren von Wiederbelebungsversuchen auf. Würde man, wenn man glaubte, den eigenen Mann mit einem Herzinfarkt in der Küche vorzufinden, nicht eine Herzdruckmassage versuchen? Hatte Mahreen Fahrmann ihren Mann sterben lassen? Kam eine Tötung durch Unterlassen in Betracht? Vielleicht zumindest fahrlässig?

Ich habe lange darüber nachgedacht und mich dann dafür entschieden, das Verfahren an die Spezialabteilung für Kapitalverbrechen abzugeben. So gern ich auch selbst weiterermittelt hätte, musste ich mich an die internen Regeln zur Zuständigkeit halten. Hier stand schließlich ein potenzielles Tötungsdelikt im Raum. Welche Rolle Frau Fahrmann in dieser Geschichte wirklich spielte, habe ich deshalb leider nicht erfahren. Auch nicht, ob ihr ein Mitverschulden am tragischen Tod ihres Mannes nachgewiesen werden konnte. In jedem Fall aber weiß ich, dass die Spezialabteilung

Ermittlungen gegen Mahreen Fahrmann aufgenommen hat. Meine Obduktionsanordnung blieb also zumindest nicht gänzlich ungerechtfertigt.

Seit dem ominösen Tod von Markus Fahrmann steht für mich fest, dass ich im Zweifel immer lieber eine Obduktion mehr anordne, als darauf zu verzichten.

Von kapitalen Anfängerfehlern, Teil II

… oder warum Drogenabhängigkeit
ein Vollzeitjob ist

Anfängerfehler mit Leichen mögen teuer und peinlich sein. Aber immerhin bekommen die Betroffenen selbst recht wenig davon mit. Das war weiß Gott nicht bei allen meiner Anfängerfehler der Fall. Manche hatten auch ziemlich große Auswirkungen auf noch lebende Betroffene. So wie es die größte Angst der Ärztinnen und Ärzte ist, versehentlich eine behandelte Person zu töten, ist es wohl die größte Angst der Staatsanwaltschaft, jemanden hinter Gitter zu bringen, der am Ende unschuldig ist. Oder jemanden laufen zu lassen, der dann anderen Schaden zufügt. Aber beides kommt vor. Auch ich habe einige Haftentscheidungen getroffen, die ich im Nachhinein bitter bereut habe. Direkt bei meiner ersten Haftsache unterlief mir ein kapitaler Anfängerfehler. Diesen Fall habe ich wirklich ordentlich in den Sand gesetzt. Es war der Fall von Jerome Kämpen.

Jerome Kämpen war 22 Jahre alt, kam aus gutem Elternhaus und hatte nach seinem Abitur ein Sozialpädagogikstudium begonnen. Er war intelligent, aufgeschlossen und sympathisch. Er sah aus wie der nette Junge von nebenan. Doch der Schein trog. Denn Jerome hatte ein ausgereiftes Drogenproblem. Seit seinem 16. Lebensjahr konsumierte er regelmäßig Rauschmittel. Zuerst beschränkte er sich auf Marihuana, recht schnell erweiterte er sein Repertoire aber auch auf Crystal Meth in ziemlich ungesunden Mengen. Ich glaube nicht, dass er schon bei Heroin angekommen war. Aber er war in jedem Fall abhängig. Und so eine Abhängigkeit geht für die meisten Konsumenten mit einigen finanziellen Querelen einher.

Ein Gramm Crystal Meth kostet zwischen sechzig und einhundert Euro. Die Einstiegsdosis liegt bei etwa zehn

Milligramm pro Einheit. Im Verlauf der Abhängigkeit wird gewöhnlich in größeren Einheiten konsumiert. Damit ist eine Crystal-Abhängigkeit vergleichsweise preiswert. Für den Konsum von Heroin müssen schon etwa fünfzig Euro pro Gramm kalkuliert werden. Der Tagesbedarf liegt bei einem halben bis drei Gramm. Pro Tag entstehen also schnell Mehrkosten von um die einhundert Euro. Das mag machbar sein, wenn man einen sehr gut bezahlten Job hat und auch noch in der Lage ist, diesem nachzugehen. Das trifft jedoch auf die wenigsten meiner betroffenen Klientinnen und Klienten zu. Die Fähigkeit, geregelt zu arbeiten, nimmt für gewöhnlich proportional zur Intensität des Drogenkonsums ab. Das sagt einem nur vorher leider niemand. Um ihre Sucht also weiter finanzieren zu können, sind viele Abhängige gezwungen, ihr Einkommen auf illegale und kriminelle Art zu verbessern.

Jeromes Abhängigkeit von Crystal und Marihuana biss sich in jedem Fall deutlich mit seinen finanziellen Möglichkeiten. Also besserte auch er seine Finanzen auf. Dies tat er mit allerlei Ladendiebstählen, Kellereinbrüchen und so ziemlich allem anderen, womit sich schnelles Geld verdienen ließ. In der Juristerei wird dieses Verhalten unter dem Begriff »Beschaffungskriminalität« zusammengefasst. Jerome war deshalb schon mehrfach vorbestraft. Er hatte allerdings noch keine der Strafen verbüßen müssen. Das heißt, die Vollstreckung der Freiheitsstrafen, zu denen er bislang verurteilt worden war, war immer zur Bewährung ausgesetzt worden. Dreimal schon hatte er die Richter um den Finger gewickelt. Dreimal hatte er zu gebildet, zu einsichtig und zu anständig für eine Inhaftierung gewirkt und Besserung gelobt. Dreimal waren die Richter auf ihn hereingefallen. Ein viertes Mal würde das nicht gelingen. Bei der nächsten Verurteilung würde es keine Bewährung mehr geben. Dann würden auch die alten Bewährungsaussetzungen platzen und er würde alle Strafen absitzen müssen. Insgesamt würde er so auf mehrere Jahre kommen. Das waren keine guten Aussichten für Jerome.

Aber genau darauf lief es nun hinaus. Die Kollegin, die mein Referat vor mir bearbeitet hatte, hatte mir einen Sammelvorgang zu Jerome Kämpen vererbt. Es war ein dicker Stapel roter Akten, auf denen Jeromes Name klebte. Insgesamt gab es sieben neue Vorgänge, die es anzuklagen galt. Die gewohnten Kellereinbrüche, ein geknacktes Auto, eine gestohlene Handtasche und sogar ein Diebstahl aus einer Kleingeld-Spendenbox einer Grundschule. Jerome war in dieser Hinsicht fleißig gewesen. Aber was hatte er schon für eine Wahl gehabt? Drogenabhängigkeit ist eben ein Vollzeitjob.

Die Akte Kämpen war deshalb schon vor der Hauptverhandlung eine sogenannte Haftsache, weil für Jerome die Untersuchungshaft angeordnet worden war. Untersuchungshaft bedeutet, dass ein Beschuldigter schon in der Zeit vor der Hauptverhandlung, während also zum Beispiel noch Ermittlungen laufen und Zeugen vernommen werden, inhaftiert ist. Das ist natürlich ein herber Eingriff in die Grundrechte des Betroffenen, denn eigentlich ist ja noch gar nicht bewiesen, dass er sich überhaupt strafbar gemacht hat. In Deutschland gilt schließlich grundsätzlich die Unschuldsvermutung. Und trotzdem muss der Beschuldigte hinter schwedischen Gardinen auf den Tag der Hauptverhandlung warten. Die Untersuchungshaft ist deshalb an strenge Voraussetzungen geknüpft. Sie finden sich in § 112 der Strafprozessordnung. Danach darf die Untersuchungshaft nur angeordnet werden, wenn der Beschuldigte einer Tat dringend verdächtig ist und ein Haftgrund besteht.

Einer Tat dringend verdächtig war Jerome. Genau genommen sogar mehrerer. Jerome hatte ja mit einer Reihe von Diebstahls- und Einbruchsdelikten gut gesammelt. Der dringende Tatverdacht ergab sich aus einer Reihe von Beweisen. Jerome hatte in den Kellern Fingerabdrücke und DNA hinterlassen. Die Besitzerin der Handtasche hatte ihn anhand eines Bildes identifizieren können und bei seinem letzten Einbruch war er auf frischer Tat gestellt worden. Ein Haftgrund bestand auch. Haftgründe im Sinne des § 112 Strafprozessordnung wären Flucht beziehungsweise Fluchtgefahr oder Verdunklungsgefahr. Bei Jerome bestand Fluchtgefahr. Seit sich die Strafverfahren bei ihm häuften, hatte er keinen festen Wohnsitz mehr und tauchte regelmäßig unter. Dann war er für das Gericht, für seinen Bewährungshelfer und für die Polizei nicht erreichbar. Einen weiteren Haftgrund eröffnet § 112a Strafprozessordnung. Nach § 112a ist die Anordnung der Untersuchungshaft auch bei Wiederholungsgefahr möglich. Wiederholungsgefahr meint, dass die Wahrscheinlichkeit groß ist, dass der Täter, wenn man ihn nicht inhaftiert, bis zum Zeitpunkt der Hauptverhandlung weitere erhebliche Straftaten begehen wird. Für Jerome bestand natürlich auch Wiederholungsgefahr. Er war abhängig, die Beschaffungskriminalität war sein Job. Meine Vorgängerin und der Ermittlungsrichter am Amtsgericht hatten das genauso gesehen und für Jerome die Untersuchungshaft angeordnet. Seit einigen Wochen wartete Jerome also schon in der JVA auf den Abschluss der Ermittlungen. Darauf wartete ich nun auch. Als endlich die letzte Akte mein Büro erreicht hatte, schrieb ich eine schöne lange Anklage. Der zuständige Richter am Amtsgericht ließ die Anklage zu und bestimmte einen Termin zur Hauptverhandlung. Die Hauptverhandlung würde in drei Monaten stattfinden. Eher hatte der Richter einfach keine Kapazitäten. So lang würde Jerome noch einmal warten müssen. Das war eine übliche, eigentlich sogar recht kurze Wartezeit für Jerome. Jeromes Verteidiger hatte indes einen ganz anderen Plan.

Jeromes Verteidiger wusste, dass Jerome keine Chance auf eine weitere Aussetzung zur Bewährung hatte. Zu oft hatte er die Erwartungen der Richter enttäuscht und war doch wieder beim Klauen erwischt worden. Die einzige Rettung wäre die Bekämpfung der Ursache seiner Kriminalität: Jerome musste von den Drogen loskommen. Ohne die Abhängigkeit bestünde zumindest keine Wiederholungsgefahr mehr. Und wenn Jerome wieder ein geregeltes Leben führen würde, würde er auch nicht mehr untertauchen müssen. Vielleicht könnte er sogar sein Studium wieder aufnehmen. Jeromes Verteidiger strebte deshalb eine Entgiftung mit anschließender Langzeittherapie an. Was sich in der Theorie nach einem selbstverständlichen Allheilmittel anhört, ist in der Praxis aber gar nicht so einfach zu realisieren.

Bei einer Betäubungsmittelabhängigkeit gibt es meiner Erfahrung nach grundsätzlich drei mögliche Ausgänge. Variante eins ist der bestmögliche Fall. Der Angeklagte sieht seine Abhängigkeit ein und ist gewillt, etwas dagegen zu tun. Er entscheidet sich für einen Entzug mit anschließender Therapie. Die erste Hürde auf dem Weg zur erfolgreichen Therapie ist neben dem Platz in einer Einrichtung und der Kostenzusage der Krankenkasse schon der Entzug. So eine Langzeittherapie darf nämlich nur antreten, wer vorher erfolgreich entgiftet hat, wer also nachweisen kann, dass er schon über einen gewissen Zeitraum keine Betäubungsmittel mehr konsumiert hat. Natürlich gäbe es die Möglichkeit, einen »kalten Entzug« zu Hause zu machen, diese Variante ist nicht zuletzt durch das Buch *Wir Kinder vom Bahnhof Zoo* bekannt geworden. Allerdings ist ein Entzug ohne ärztliche Aufsicht weder besonders ratsam noch besonders Erfolg versprechend. Deshalb gibt es auch für den Entzug spezialisierte klinische Einrichtungen. Auch dort muss man natürlich erst mal einen Platz bekommen. Die Entzugsklinik erwartet zunächst, dass Abhängige ihre sogenannte Suchteinsicht und den ernsthaften Willen zum Entzug unter Beweis stellt. Das ist logisch. Auch die Entzugsplätze sind rar und sollen bestenfalls an diejenigen vergeben werden, die den Entzug auch wirklich durchstehen und es sich nicht nach zwei Tagen wieder anders überlegen. Deshalb müssen Abhängige sich für einen bestimmten Zeitraum täglich in der Klinik melden und ihre Absichten beteuern. Das passiert gewöhnlich über einen Anruf. Einmal am Tag. Möglichst zur selben Zeit. Für den Normalmenschen mag das einfach klingen. Wer durch eine Sucht die Kontrolle über sein Leben verloren hat, steht aber schon hier vor der ersten Herausforderung. Die nächste Herausforderung wartet in der Entzugsklinik. Auch wenn ein Entzug in der Klinik durch die Möglichkeit einer unterstützenden Medikation erträglicher sein sollte als der kalte Entzug zu Hause, stellt sich das Prozedere doch alles andere als angenehm dar. Der abhängige Körper reagiert auf den Entzug der gewohnten Betäubungsmittel ähnlich wie der, der zum ersten Mal einer Leiche gegenübersteht. Er ruft den absoluten Notstand aus. Schwindel, Übelkeit, Erbrechen, stärkste Muskel- und Magenkrämpfe, Schweißausbrüche,

Halluzinationen. Und das über mehrere Tage. Es muss wirklich furchtbar sein. Hat in unserem bestmöglichen Fall der Abhängige diesen Entzug geschafft, darf er in eine Anschlusstherapie aufgenommen werden. Dort soll er lernen, wie er künftig ohne Drogen leben kann.

Der bestmögliche Fall ist selten. Es gibt ihn. Ich habe unglaublichen Respekt vor Angeklagten, die es schaffen, Entzug und Anschlusstherapie durchzuhalten und tatsächlich in ein normales Leben zurückfinden. Diese Angeklagten sehe ich nach dem Ende ihrer Bewährungszeit mit viel Glück auch nicht noch einmal wieder. Sie finden in die Berufswelt zurück, schaffen sich ein neues soziales Umfeld und haben es nicht mehr nötig, Straftaten zu begehen. Die Wahrscheinlichkeit, dass ein Verfahren so ausgeht, ist leider nicht besonders hoch. Vor allem nicht, wenn Crystal und Heroin im Spiel sind. Dann sollte schon die Zugfahrt von der Entzugsklinik zur Anschlusstherapie besser nicht über den Hauptbahnhof führen.

Für Variante eins werden gewöhnlich mehrere Anläufe genommen. Die wenigsten der stark abhängigen Angeklagten schaffen den Absprung in der ersten Runde. Manche brauchen zwei, andere drei Anläufe, wieder andere schaffen es gar nicht. Das bringt uns zu Variante zwei.

Variante zwei ist die sogenannte Substitutionstherapie. Sie kommt vor allem dann in Betracht, wenn ein Entzug aufgrund einer besonders langen oder intensiven Abhängigkeit nicht mehr möglich ist. Eine Substitutionstherapie ist zum Beispiel bei langjähriger Abhängigkeit von Heroin oft das einzige noch zur Verfügung stehende Mittel. Die Abhängigen machen dabei keinen Entzug durch. Ziel ist es nicht, die Sucht zu bekämpfen. Stattdessen konsumieren die Abhängigen statt der Droge ein

Substitutionsmittel, also einen Drogenersatzstoff. Dieses Mittel bekommen sie von ärztlicher Seite in streng reglementierter Menge in genau bestimmten Zeitabständen zugeteilt. Die Abhängigen können so zwar nicht von ihrer Abhängigkeit befreit werden, aber die Lebensqualität steigert sich doch ein wenig. Die Notwendigkeit, zur Beschaffung von Drogen Straftaten zu begehen, entfällt und die Verwendung von unsauberem Spritzbesteck auch. Dadurch leben die Abhängigen länger und bestenfalls in Freiheit. Eine Substitutionstherapie ist natürlich auch nicht immer von Erfolg gekrönt. Die Betroffenen bleiben schließlich abhängig. Im besten Fall führen sie trotzdem ein geregeltes Leben oder schaffen den Sprung in einen Entzug. Im schlechtesten Fall konsumieren sie wieder Betäubungsmittel und zusätzlich den Drogenersatzstoff.

Variante drei ist schließlich das Versterben der Angeklagten. Das klingt jetzt makaber, entspricht aber einfach der Realität. Laut Bundeskriminalamt sterben jährlich deutschlandweit etwa 1.800 Menschen an den Folgen des Konsums.[1] Für die Staatsanwaltschaft spart dieser Ausgang Arbeit. Das Strafverfahren ist wegen eines Verfahrenshindernisses nach § 206a Strafprozessordnung einzustellen. Für alle anderen Beteiligten ist es ein grausames Ende.

In Jeromes Fall sah es noch ganz gut aus, er hatte realistische Chancen auf Variante eins. Und sein Verteidiger bemühte sich wirklich redlich darum. Ich hatte das Gefühl, er leistete bei Jerome und seiner Familie eher die Arbeit eines

---

1 Quelle: Statista: *Anzahl der Drogentoten in Deutschland in den Jahren von 2000 bis 2021* (abgerufen am 09.08.2022). https://de.statista.com/statistik/daten/studie/403/umfrage/todesfaelle-durch-den-konsum-illegaler-drogen/ (abgerufen am 30.08.2022).

Sozialpädagogen als die eines Anwalts. Aber manchmal gehört das wohl einfach zur Arbeit eines Verteidigers dazu. Jeromes Anwalt hatte schon alles organisiert. Jerome hatte einen Platz in einer Entzugseinrichtung, danach direkt einen Platz in einer Langzeittherapie. Die Krankenkasse hatte schon die Kostenübernahme zugesagt. Jerome war fest entschlossen, den Entzug und die Therapie anzutreten. Das einzige Problem: Jerome befand sich ja dank meiner Kollegin in Untersuchungshaft. Und da kam ich ins Spiel.

Ich kannte Jerome noch nicht persönlich. Ich hatte bislang nur seine Akten studiert. Jetzt aber hatte Jeromes Verteidiger einen sogenannten Haftprüfungstermin beantragt. Es war mein erster Haftprüfungstermin, meine erste Haftsache überhaupt, und ich war entsprechend nervös. Ich hatte mir den Ablauf von den Kollegen schildern lassen, rechtlich wusste ich, was zu prüfen war. Und trotzdem ist es dann, wenn es wirklich darauf ankommt, doch noch einmal etwas anderes, über das weitere Leben eines Angeklagten entscheiden zu müssen. Im Termin bekniete der Verteidiger mich und den Richter, den Haftbefehl außer Vollzug zu setzen. Schon in der nächsten Woche könne Jerome seine Entgiftung antreten, eine Ärztin aus der Entgiftungsklinik bestätigte uns den Termin. Zum Verhandlungstermin sei er dann sogar schon »antherapiert«. Die Krankenkasse hatte die Kostenzusage für eine Langzeittherapie erteilt, auch dafür hatte Jerome schon einen Platz in Aussicht. Jeromes Anwalt hatte ganze Arbeit geleistet, es sah aus, als wäre schon alles in trockenen Tüchern. Jerome, im gebügelten Hemd, schwor hoch und heilig, sein Leben jetzt endlich wieder in den Griff bekommen zu wollen. Seine Eltern saßen im Zuschauerraum und sicherten unter Tränen ihre Unterstützung zu. Sie versprachen, mit Jerome unmittelbar nach Hause zu fahren, ihn in den verbleibenden wenigen Tagen bis zum Termin in der Klinik nicht aus den Augen zu lassen und ihn persönlich zum Entzug zu bringen.

Der Richter war wenig beeindruckt. Ich hingegen schon. Jerome tat mir leid. Er war jung, er war nur falsch abgebogen, hatte irgendwann die falschen Freunde gehabt. Seine Eltern glaubten an ihn. Auch rechtlich hielt ich eine Außervollzugsetzung des Haftbefehls für vertretbar. Die Ausführungen des Verteidigers waren so einleuchtend. Ohne Abhängigkeit besteht kein Haftgrund mehr, das klang so einfach. Konnte ich Jerome wirklich seine Entgiftung verbauen, indem ich ihn in der JVA ließ? War das nicht die falsche Lösung? Heute weiß ich, dass Jeromes Verteidiger ein Profi war, der genau wusste, welche Voraussetzungen er schaffen musste, damit Jerome rechtlich auch nur den Hauch einer Chance hatte. Und er wusste genau, welche Knöpfe er menschlich und moralisch drücken musste, um Mitleid und Erbarmen zu generieren. Damals war mir das noch nicht bewusst. Ich habe letztlich mein alarmschlagendes Bauchgefühl ignoriert und mich überreden lassen. Vielleicht haben mich aber auch meine Emotionen zu sehr geleitet. Nach einiger Diskussion erklärte ich jedenfalls mein Einverständnis dazu, den Haftbefehl gegen Auflagen außer Vollzug zu setzen. Herrgott, war das rückblickend naiv! Der Richter dachte das wahrscheinlich auch. Er zog ein wenig irritiert die Augenbrauen zusammen, setzte den Haftbefehl aber außer Vollzug.

Zurück in der Dienststelle kassierte ich die Schelte meiner Kollegin. Sie hatte sich so viel Mühe gemacht, Jerome endlich inhaftieren zu lassen, und ich hatte ihn einfach laufen lassen.

Und ich kassierte weitere Schelte der Polizei, die ganze Arbeit sei umsonst, ich würde schon sehen. An diesem Tag verstand ich die Kritik noch nicht. Am nächsten Tag schon.

Jerome Kämpen hatte die Entgiftung nicht angetreten. Er hatte seinem Vater einen harten linken Haken verpasst und war seinen Eltern postwendend entwischt. Er war unauffindbar und unerreichbar. Einfach weg. Trotz aller Auflagen. Ich konnte es nicht fassen. Ich beantragte umgehend, den Haftbefehl wieder in Vollzug zu setzen. Aber das brachte Jerome ja noch nicht zurück! Der Hauptverhandlungstermin wurde verschoben, das Verfahren vorläufig eingestellt. Der Verteidiger war geknickt, die Polizei war wütend, der Richter genervt. Und ich habe mich meiner Naivität geschämt. Es war zum In-die-Tischkante-Beißen.

Es dauerte sechs Monate, bis die Fahndung nach Jerome endlich erfolgreich war. Er stand mit einem gestohlenen Wagen in einer Schlange von Fahrzeugen beim Drive-in eines örtlichen McDonald's. Die Kollegen der Polizei standen zufällig direkt hinter ihm. In den vorangegangenen sechs Monaten war Jerome an Einbrüchen in 31 Keller und drei Wohnungen beteiligt gewesen.

Der Fall von Jerome hat mich sensibilisiert und mir eine wertvolle Lektion erteilt. Er hat mir aufgezeigt, dass ich nicht nur eine Verantwortung gegenüber dem Beschuldigten und seinem Grundrecht auf Freiheit habe, sondern auch eine Verantwortung gegenüber potenziellen Geschädigten. Die Fähigkeit zur Empathie ist grundsätzlich auch für den Beruf der Staatsanwältin essenziell. Doch Emotionen dürfen mich bei meinen Entscheidungen nicht leiten. Heute bin ich dankbar, dass es bei Jerome glücklicherweise »nur« zu Sachschäden gekommen ist. Doch so glimpflich geht nicht jede falsche Haftentscheidung aus. Im Fall von Frank Ober stand mehr auf dem Spiel. Es galt, Schlimmeres unbedingt zu verhindern.

Wie Jerome war auch Frank Betäubungsmittelkonsument. Ich lernte ihn kurz nach Jeromes erfolgreicher Flucht kennen. Frank war erst wenige Wochen zuvor in eine kleine Wohnung gezogen, die in meinen Zuständigkeitsbereich gehörte. Und schnell flatterten die Ermittlungsakten zu Franks Heldentaten im Drei-Tages-Rhythmus in meinem Büro ein. Frank Ober war 28 Jahre alt. Er hatte im Gegensatz zu Jerome keine behütete Kindheit gehabt. Er kam aus einem sogenannten zerrütteten Elternhaus, seine Mutter hatte psychische Probleme, seinen Vater kannte er nicht. Frank hatte vier Geschwister, er war der Älteste. Zu Hause war es nicht besonders schön gewesen. Es war eng, laut und unordentlich. Seine Mutter war schon mit sich und den jüngeren Geschwistern reichlich überfordert gewesen. Frank war deshalb schon als Jugendlicher lieber unterwegs gewesen, als zu Hause zu sein. Er schwänzte die Schule, was niemanden interessierte. Stattdessen hatte er sich mit älteren Jugendlichen angefreundet. Es wurde viel gefeiert. Er trank, er tanzte, er gehörte dazu. So fühlte Frank sich frei und konnte alle Probleme von zu Hause vergessen. Dabei kam er schon früh mit Betäubungsmitteln in Kontakt. Er probierte allerlei Partydrogen, warf Pillen ein, zog Pep. Schließlich ging er aber – dem Preis-Leistungs-Verhältnis geschuldet – auch zu Crystal Meth über. Frank war zu diesem Zeitpunkt noch nicht einmal volljährig.

Wenn man Crystal konsumiert, bleibt man unglaublich lange wach. Man spürt keine Müdigkeit mehr, keine Erschöpfung. Hunger übrigens auch nicht. Und noch weniger die Wirkung von Alkohol. Man kann also Party machen, ohne durchzuhängen, und das über einen ziemlich langen Zeitraum. Das war Franks Ding. Im Grunde feierte er von Freitagabend bis Sonntagnachmittag durch. Das ist mit Crystal kein Problem. Unangenehm ist jedoch die Phase des Herunterkommens von einem solchen Trip. Man kann nicht schlafen, nicht still sitzen, nicht liegen. Am Anfang reichte Frank eine Dosis Marihuana, um die Cool-down-Phase nach einem Crystal-Trip abzufangen. Aber recht schnell stieg er auf Heroin um. Heroin wirkt natürlich um ein Vielfaches stärker als Marihuana. Und Heroin ist gewöhnlich die Endstation.

Als Frank in meinen Zuständigkeitsbereich zog, war er von seinem Konsum bereits sichtbar gezeichnet. Frank war schon immer groß und schlank gewesen, aber mittlerweile war er geradezu eingefallen. Sein schmales Gesicht war fahl, die Haut von den für Crystal typischen Vernarbungen und Fehlpigmentierungen gezeichnet. Er hatte einige Zähne verloren. Auch das war dem Konsum von Crystal Meth geschuldet. Man könnte meinen, die verheerende Wirkung von Crystal Meth auf die Zähne der Konsumenten sei auf die konsumbedingte fehlende Priorisierung der täglichen Zahnhygiene zurückzuführen. Aber das wäre ein Irrtum. Aronal und Elmex geraten bei Konsumenten bestimmt auch wirklich dann und wann in Vergessenheit. Tatsächlich ist das aber nur ein Bruchteil des Problems. Crystal enthält Ammoniak und roten Phosphor, beides greift den Zahnschmelz stark an. Verbunden mit den Schädigungen an Zahnfleisch und Gesichtsmuskulatur und potenziellen Spasmen der Kaumuskulatur gerät auch die Basis der Zähne in Gefahr. Schließlich hemmt der Konsum die Speichelbildung und geht oftmals mit starkem Verlangen nach zuckerhaltigen Getränken einher. Im Ergebnis faulen die Zähne oder brechen einfach weg. Frank selbst bemerkte von alldem recht wenig. Denn der Konsum hatte nicht nur seinen Körper, sondern auch seinen Geist nachhaltig verändert. Das Gefühl für seinen eigenen Körper und dessen Bedürfnisse, wie etwa Schlaf oder Nahrung, schien Frank verloren zu haben. Vielleicht war es ihm aber auch einfach egal. Das galt auch für seine Familie und seine Freunde. Er wurde immer mehr zum Einzelgänger. Andere Menschen regten ihn auf. Sie verstanden ihn nicht. Es sei denn, sie konsumierten auch. Dann war das etwas anderes. Auch die Reizschwelle von Frank hatte sich verändert. Kleinste Stresssituationen im Alltag konnten ihn völlig aus der Fassung bringen. Frank wurde schnell aggressiv. Dann wurde er laut, provozierte und schreckte auch vor körperlichen Auseinandersetzungen nicht zurück. Das Gefühl für sozial angemessene Reaktionen, die Fähigkeit, mit kleinsten Stresssituationen im Alltag umgehen zu können, schienen ihm völlig abhandengekommen zu sein. Vielleicht hatte Frank durch den langjährigen Konsum einfach nur ein gesteigertes Aggressionspotenzial entwickelt. Vielleicht konnte man zwischenzeitlich aber sogar von einer drogeninduzierten Psychose ausgehen.

Franks erste Ermittlungsakte landete auf meinem Schreibtisch, noch bevor er seine neue Wohnung fertig eingerichtet hatte. Kurz nach seinem Einzug war er bereits im Treppenhaus mit einem Nachbarn aneinandergeraten, weil der den Müll heruntergetragen hatte. Frank hatte wohl den Geruch der Mülltüte seines Nachbarn als störend empfunden und seinen überraschten Nachbarn deshalb als Schwein beschimpft und mit allerlei obszönen Beleidigungen benannt. Dabei hatte er immer wieder durch die restlichen noch vorhandenen Zähne gepfiffen.

Nicht so, wie man pfeift, wenn man ein Lied anstimmen möchte, sondern eher so, als würde man scharf Luft ausstoßen und dabei über etwas die Nase rümpfen. »Pffffffff« habe er nach jeder Beleidigung gemacht, schilderte sein Nachbar später der Polizei. Dabei habe er immer den Kopf geschüttelt. Auch dieser Tick deutete auf gravierende psychische Folgen des Drogenkonsums hin. Frank hatte seinem irritierten Nachbarn den Müllbeutel schließlich entrissen. Dann hatte er ihn wie ein übergroßes Lasso über seinem Kopf geschleudert und in Richtung seines Nachbarn geworfen. Es hatte sich glücklicherweise um wenig gefährlichen Biomüll gehandelt, sodass Franks Nachbar mit einem Schrecken und einem schmutzigen Treppenhaus davonkam.

In der darauffolgenden Nacht warf Frank aus zunächst völlig unerklärlichen Gründen seinen Fernseher aus dem Fenster seiner Küche. Frank wohnte im zweiten Obergeschoss. Der Fernseher zerschellte auf dem Fußweg.

Nur eine Woche später hatte eine Verkäuferin im örtlichen Supermarkt darum gebeten, dass Frank an der Kasse seinen Rucksack öffne. Der Ladendetektiv hatte gesehen, wie Frank heimlich zwei Flaschen hochwertigen Whiskey und eine Packung Schinken in den Rucksack gesteckt hatte. Das fällt in die Kategorie »Beschaffungskriminalität«, die wir schon von Jerome kennen. Frank bekam einen Tobsuchtsanfall. Er sprang auf und ab und schrie die Kassiererin an.

»Sie können Ihren Scheiß wieder haben!«, rief er. Er beleidigte sie als Hure und Schlampe, pfiff durch die Zähne, schüttelte den Kopf, riss sein Diebesgut aus seinem Rucksack und warf es um sich. Glücklicherweise wurde die Kassiererin lediglich von der Packung Schinken getroffen. Die Whiskeyflaschen hatte Frank in die andere Richtung geworfen.

Wenige Tage später beschimpfte Frank wüst eine ältere Dame, die auf dem Gehweg vor dem Haus Laub zusammenkehrte. Es war die Nachbarin aus dem Erdgeschoss, die sich seit jeher für die Ordnung vor dem Wohnhaus zuständig gefühlt hatte. Frank fühlte sich von dem kratzenden Geräusch des Rechens auf dem Boden gestört. Er griff das Laub, dass die Dame schon zu einem Haufen gekehrt hatte, und bewarf sie damit. Dann entriss er seinem schockierten Opfer den Rechen und versuchte, ihn über seinem Knie zu zerbrechen. Als er daran scheiterte, schleuderte er den Rechen wütend zu Boden und kündigte der Dame an, sie damit zu erschlagen, wenn jetzt nicht Ruhe einkehren würde.

Noch am selben Abend warf Frank seine Mikrowelle aus dem Küchenfenster. Ein junger Mann, der auf der gegenüberliegenden Straßenseite mit seinem Hund spazieren ging, verständigte die Polizei. Dort war Frank aufgrund der vorangegangenen Vorfälle bereits bekannt. Auch wenn die Vorfälle im Supermarkt und vor dem Wohnhaus einen gewissen Unterhaltungswert hatten – stellen Sie sich einen erwachsenen Mann vor, der mit Laub und Schinken um sich wirft –, war die Sache mit den aus dem Küchenfenster geworfenen Elektrogeräten doch eine andere. Denn sie hatte ein nicht unwesentliches Gefährdungspotenzial für arglose vorbeigehende Mitmenschen. Die Polizei entschied sich deshalb für eine sogenannte Gefährderansprache und suchte Frank in seiner Wohnung auf. Sie wussten schon, wo sie zu klingeln hatten. Sie stellten sich freundlich vor und erklärten Frank, warum sie gekommen waren. Frank bat die Kollegen der Polizei sogar in seine Wohnung. Als sie ihn fragten, warum er die Mikrowelle aus dem Fenster geworfen habe, erklärte der, er sei nun mal wütend geworden. Die Mikrowelle sei für die Tonne, er habe Nudeln damit kochen wollen, aber es habe einfach nicht funktioniert. Da habe er sie nicht mehr sehen können und eben aus dem Fenster geworfen. Was hätte er auch machen sollen? Schließlich hätte er keinen Balkon. Die Kollegen der Polizei erklärten Frank, dass sein Verhalten andere Menschen gefährden könne. Und obendrein potenziell strafbar sei. Frank hatte dafür wenig Verständnis und bekam einen neuerlichen Tobsuchtsanfall. Er beschimpfte die Kollegen der Polizei lautstark. Dann rannte er in seine Küche, riss das Fenster auf und begann, wahllos Gegenstände hinauszuwerfen. Tassen, Teller, einen Topf, ein Nudelsieb. Frank griff, was ihm in die Finger kam. Das sei sein Eigentum und er könne damit machen, was er wolle, schrie er. Als die Polizeibeamten ihn davon abhalten wollten, warf er das Geschirr auf sie. Es brauchte drei Beamte, um Frank zu Boden zu bringen und zu sichern. Einem Beamten fügte Frank dabei eine ziemlich schmerzhafte Wunde zu, indem er sich in dessen Oberarm verbiss. Offenbar waren seine verbliebenen Zähne nicht so instabil, wie sie aussahen. Frank wurde vorläufig festgenommen und verbrachte die Nacht auf dem Polizeirevier.

Am nächsten Morgen klingelte mein Telefon. Es waren die Kollegen der Polizei. Ob ich denn bitte einen Haftbefehl beantragen könne. Frank müsse hinter Schloss und Riegel, das würde sonst ins Auge gehen. Sein Aggressionspotenzial habe sich enorm gesteigert, alle paar Tage werde er auffällig. So könne es nicht weiter gehen. Sachlich betrachtet hatten die Kollegen der Polizei natürlich recht. Rechtlich war das Ganze aber gar nicht ganz so einfach.

Die Anordnung der Untersuchungshaft aufgrund von Fluchtgefahr, wie bei Jerome, kam nicht in Betracht. Frank war bisher noch nie abgetaucht. Der Haftbefehl musste also allein auf die Wiederholungsgefahr gestützt werden. Diese Möglichkeit sieht § 112a Strafprozessordnung vor. Bei Frank war natürlich schon aufgrund seiner Historie anzunehmen, dass er auch weiterhin Straftaten begehen würde. Die Anordnung von Untersuchungshaft aufgrund von Wiederholungsgefahr steht allerdings unter weiteren strengeren Voraussetzungen. So müssen die Straftaten, derer der Beschuldigte dringend verdächtig ist und hinsichtlich derer die Gefahr einer Wiederholung besteht, besonders erheblich sein. Welche Straftaten das sind, ist konkret in einem Katalog festgeschrieben. Aufgeführt sind etwa Taten wie schwere Diebstahlsdelikte, Raub, Erpressung und Brandstiftung. Die Taten, die Frank in den letzten Wochen begangen hatte, gehörten nicht dazu. Ein besonders schwerer Diebstahl hätte gereicht. Frank hatte jedoch nur sogenannte einfache Diebstähle begangen, und die genügen nicht. Das gilt auch für all die Beleidigungen und Bedrohungen, die Frank verteilt hatte. Auch der Biss in den Arm des Polizisten stellte nur eine sogenannte einfache Körperverletzung dar. Allenfalls das Werfen mit dem Geschirr nach den Polizisten hätte ich wohl als versuchte gefährliche Körperverletzung durchbekommen können. Aber ist eine Kaffeetasse wirklich ein gefährliches Werkzeug? Davon abgesehen wäre ein Haftbefehl aufgrund von nur einer Katalogstraftat wohl wirklich schwierig geworden.

Also gab es erst einmal keine Untersuchungshaft für Frank. Natürlich habe ich mich geärgert. Es war absehbar, dass Frank weiter Straftaten begehen würde. Und eine Inhaftierung hätte das verhindern können. Aber eine Inhaftierung ist nun mal auch ein schwerwiegender Eingriff in die Grundrechte eines Beschuldigten. Es ist der wohl gravierendste Eingriff auf das

Grundrecht auf Freiheit, den es gibt. Und der möchte gerechtfertigt sein. Also habe ich meinen Ärger heruntergeschluckt und erst gar keinen Antrag auf Erlass eines Haftbefehls gestellt. Der Ermittlungsrichter am Amtsgericht hätte ihn ohnehin nicht unterschrieben. Und auch ich möchte niemanden ungerechtfertigt vorverurteilen. Gleichzeitig möchte ich aber natürlich auch weitere Straftaten verhindern, wenn ich es kann. Es ist ein Dilemma. Ein Dilemma, das nur durch eine gründliche Abwägung aller Gesichtspunkte gelöst werden kann. Und schlichte, saubere Arbeit am Gesetz erfordert. An diesem Tag war meine Abwägung zugunsten von Franks Freiheit ausgefallen. Nach einer Nacht bei der Polizei war Frank deshalb wieder auf freiem Fuß.

Wenige Tage später geriet Frank mit einer jungen Frau aneinander. Natalie Penker stand an einer Bushaltestelle und wartete auf den Bus. Frank wartete ebenfalls. Auf ihrem Arm hielt Natalie einen Hundewelpen. Es war ein kleiner Beagle, den sie erst vor wenigen Tagen zu sich geholt hatte. Sie war mit ihm beim Tierarzt zu einer Impfung gewesen. Als der Bus schließlich die Haltestelle erreichte, machte Natalie einen Schritt nach vorn in Richtung der Tür. Frank, der neben ihr stand, blickte auf den Hund und auf Natalie.

»Pffffff«, pfiff Frank durch die Zähne und begann, Natalie zu beschimpfen. Was sie denn mit diesem Vieh im Bus wolle, der würde doch nur in den Bus pinkeln, und sie solle doch zu Fuß gehen. Natalie wich zurück und versuchte zu erklären, dass Hunde im Bus erlaubt seien und sie den Hund ja auch auf dem Arm halten würde. Aber Frank hörte ihr gar nicht zu. Frank schrie sich wie gewohnt in Rage, Frank wurde lauter, seine Beleidigungen obszöner. Natalie war längst von der

Eingangstür des Busses zurückgewichen und versuchte sich rückwärtsgehend von Frank zu entfernen. Sie hatte sofort erkannt, dass eine Diskussion mit diesem Mann sinnlos war und hoffte, dass er einfach in dem Bus verschwinden und sie in Ruhe lassen würde. Aber Frank hatte seinen Bus schon völlig vergessen. Er folgte Natalie in Richtung des Wartehäuschens an der Haltestelle und fuhr fort, sie lautstark zu beleidigen. Er entriss ihr den Welpen, warf ihn zu Boden und trat nach ihm. Der Welpe jaulte auf und huschte hinter einen Mülleimer neben der Haltestelle.

»Nein!«, rief Natalie und riss an Franks Arm. Frank holte aus und schlug Natalie ins Gesicht. Dann stieß er sie vor die Brust, sodass Natalie nach hinten zu Boden fiel.

Zwischenzeitlich war Ron Faske, der Busfahrer, aus seinem Bus ausgestiegen. Ron hatte das Geschehen verfolgt und wollte der jungen Frau zu Hilfe kommen. Ron hatte kurz gezögert, denn er war eigentlich niemand, der sich prügelte. Das passte nicht zu ihm. Er war eher der ruhige Typ. Das musste er in seinem Job auch sein. Aber Ron hatte Prinzipien. Und zu denen gehörte es, dass man andere, insbesondere Frauen, nicht schlug. Deshalb schritt er ein.

»Ey«, rief er Frank zu, »lass die Frau in Ruhe!«

Ron ging in zögerlichen Schritten auf Frank zu. Er war dabei sicherlich nicht besonders bedrohlich. Klein und etwas pummelig sah er weiß Gott nicht wie ein Preisboxer aus. Für Frank spielte das wohl keine Rolle. Noch bevor Ron ihn erreicht hatte, griff er nach einer leeren Bierflasche, die neben dem Mülleimer stand. Er ging Ron entgegen und schlug ihm die Bierflasche unvermittelt über den Kopf. Ron ging direkt zu Boden. Der Angriff von Frank ging so schnell, dass er noch nicht einmal den

Arm zum Schutz über seinen Kopf hatte nehmen können. Reglos lag er am Boden. Er stöhnte und hielt sich den Kopf. Blut rann zwischen seinen Fingern auf den Asphalt. Frank reichte das noch nicht. Wie Rumpelstilzchen sprang er im Kreis um den am Boden liegenden Ron herum, klatschte in die Hände und schrie obszöne Beleidigungen. Dabei trat er mehrfach auf ihn ein. Wimmernd krümmte Ron sich zusammen.

Zwischenzeitlich waren weitere Fahrgäste aus dem Bus gestiegen. Frank sprang ihnen entgegen.

»Kommt nur!«, rief er. »Kommt alle her, ihr Vollpfosten!« Frank sprang auf der Stelle und nahm die Arme vor die Brust wie ein Boxer. Er boxte einige Schläge in die Luft. Die Fahrgäste zögerten. Einer hatte bereits die Polizei angerufen. Aber völlig unvermittelt kam Frank zum Stehen. Er hielt in seinem Geschrei inne und sah auf den am Boden liegenden Ron. Der Busfahrer versuchte sich aufzurichten. Er griff an seine Stirn, die eine blutende Platzwunde zierte, und stöhnte.

»Der Bus fährt ja jetzt wohl nicht mehr«, stellte Frank nüchtern fest und zuckte mit den Schultern. »Dann gehe ich zu Fuß«, sagte er, pfiff durch die Zähne und ging einfach davon. Er lief der alarmierten Polizei direkt in die Arme. Wenige Stunden später klingelte wieder mein Telefon.

Diesmal reichte es für einen Haftbefehlsantrag. Ich war natürlich geschockt von Franks Tat. Aber immerhin hatte ich jetzt genug in der Hand, um ihn schnellstmöglich inhaftieren zu lassen. Der Schlag mit der Flasche auf den Kopf des Busfahrers war definitiv eine gefährliche Körperverletzung. Damit hatte ich zweifelsfrei eine vollendete Katalogstraftat vorzuweisen. Als zweite versuchte Straftat zog ich den Wurf mit der Kaffeetasse auf den Polizeibeamten heran. Dazu konnte ich allerlei kleinere Delikte anbringen, die Frank in den letzten Wochen gesammelt hatte. Das sollte reichen, dachte ich.

Dem zuständigen Ermittlungsrichter am Amtsgericht reichte das Ganze aber leider nicht. Die fliegende Kaffeetasse sah er nicht als versuchte gefährliche Körperverletzung an. Eine geworfene Tasse war seiner Ansicht nach nicht geeignet, gefährliche Verletzungen hervorzurufen. Darüber hätte man jetzt wohl streiten können. Für Frank verblieb mit dem Angriff auf den Busfahrer somit aber nur eine erhebliche Tat im Sinne des Tatbestandskatalogs des § 112a Strafprozessordnung. Der Richter erließ den Haftbefehl nicht. Ich versuchte, mit der sich zunehmend steigernden Aggressivität von Frank zu argumentieren, mit der Tendenz, die für mich absehbar schien. Und natürlich mit der Kaffeetasse. Der Richter meinte, spätestens das Landgericht würde den Haftbefehl aufheben. Wahrscheinlich hatte er damit sogar recht. Rückblickend war die Entscheidung, den Haftbefehl nicht zu erlassen, dennoch die falsche gewesen.

Frank wurde nach einer weiteren Nacht auf dem Polizeirevier wieder aus dem polizeilichen Gewahrsam entlassen. Auf dem Rückweg fuhr er mit der Straßenbahn und machte seinem Ärger lautstark Luft. Er hatte sich gegenüber einer jungen Frau gesetzt. Weil der jungen Frau das wütende Geschrei von Frank nicht geheuer war, stand sie auf und suchte sich einen anderen Sitzplatz. Das fasste Frank wohl als Beleidigung auf. Er riss die Frau von ihrem Sitz, schlug ihr ins Gesicht, warf sie zu Boden und trat auf sie ein. Nur das beherzte Eingreifen eines anderen Fahrgastes konnte Frank schließlich stoppen. Er hatte ihn mutig von hinten gepackt und von seinem Opfer weggezogen. Frank hatte noch kurz versucht, auch seinen neuen Gegner zu attackieren, war dann, als sich die Türen der Straßenbahn an der nächsten Haltestelle öffneten, aber unvermittelt aus der Bahn gesprungen und verschwunden. Die junge Frau musste trotzdem mit einer Gehirnerschütterung, einem Nasenbeinbruch und zahlreichen Prellungen und Hämatomen im Krankenhaus behandelt werden. Noch am selben Tag erließ der Richter am Amtsgericht den Haftbefehl, den ich nun um eine Tat hatte erweitern müssen. In seiner Haut hätte ich nicht stecken wollen.

Die Hauptverhandlung zu Franks Taten hat nie stattgefunden. Nachdem Frank bereits zwei Nächte in polizeilichem Gewahrsam verbracht hatte, gedachte er nicht, den Kollegen noch einmal in die Arme zu laufen. Noch am Tag der Straßenbahnfahrt verschwand Frank aus der Stadt. Seine Wohnung hat er nicht mehr aufgesucht. Wie und wohin er verschwunden ist, weiß ich nicht. Ich habe sein Strafverfahren vorläufig eingestellt und ihn zur Fahndung ausschreiben lassen. Ich habe nie wieder von ihm gehört. Ob Frank unbekannt in einer anderen Stadt untergekommen ist oder sogar das Land verlassen hat, kann ich nicht sagen. Vielleicht ist er zwischenzeitlich auch an den Folgen seines Konsums verstorben. Das ist nicht unwahrscheinlich, denn eigentlich geht ein Betäubungsmittelkonsument von Franks Kaliber den Kollegen der Polizei schon wegen der Beschaffungskriminalität früher oder später wieder ins Netz. Sollten Sie aber doch jemanden scharf durch schlechte Zähne pfeifen hören und sich an meine Beschreibung von Frank erinnert fühlen, lassen Sie zur Sicherheit lieber Vorsicht walten.

Die Hauptverhandlung

… oder wie man mit einem
Raub davonkommt

Neben der Arbeit an den Akten im Büro verbringe ich als Staatsanwältin den größten Teil meiner Arbeitszeit im Gericht. Mindestens einmal in der Woche habe ich einen sogenannten Sitzungstag. Der Sitzungstag ist das Highlight meiner Woche. Spannend, abwechslungsreich und intensiv. Ich kann tun, was ich am liebsten mache: verhandeln. Diskutieren, argumentieren, plädieren. Ich glaube, selbst wenn ich für meine Arbeit an diesen Tagen kein Geld bekommen würde, würde ich sie trotzdem machen. Einfach, weil ich unglaublichen Spaß daran habe. An diesen Sitzungstagen fahre ich zum Amts- oder Landgericht und verhandle zusammen mit einem Richter oder einer Richterin alle Verfahren, die an diesem Tag terminiert sind. Das sind teilweise meine eigenen Anklagen, zum Teil aber auch Verfahren meiner Kolleginnen und Kollegen. Dann habe ich vorher nur eine dünne Handakte gelesen und relativ wenig Vorwissen. Das ist aber nicht weiter schlimm. Denn über das Ergebnis der Beweisaufnahme soll ja nach § 261 Strafprozessordnung »aus dem Inbegriff der Hauptverhandlung« entschieden werden. Das heißt, es zählt sowieso nur das, was in der Gerichtsverhandlung gesagt, gesehen und gehört wird. Wenn ich also im Voraus wenig weiß, kann ich authentischere Fragen stellen. So kann ich dafür sorgen, dass wirklich alles ins Protokoll kommt, was ich für meinen Antrag brauche. Diese Erklärung kann ich übrigens auch jedem ans Herz legen, der von einem angriffslustigen Verteidiger oder einer gewieften Verteidigerin in die Mangel genommen wird, weil er dieses oder jenes Dokument vor der Verhandlung eben noch nicht gelesen hatte.

So eine Hauptverhandlung läuft im Wesentlichen nach dem immer gleichen Muster ab. Auch das ist in der Strafprozessordnung vorgegeben. Ja, ich gebe zu, manchmal ist es schon ein bisschen wie in einer dieser Gerichtsshows, die meist im Nachmittagsprogramm diverser Privatsender ausgestrahlt werden. Da springt nach dreistündiger Verhandlung im Zuschauerraum die Verlobte des Angeklagten auf und gesteht hysterisch die Tat. Dann gerät alles ein wenig durcheinander. Im Normalfall passiert aber schlicht Folgendes:

Erster Akt: Aufruf zur Sache. Alle Prozessbeteiligten betreten den Saal. Das sind im Strafrecht für gewöhnlich:

- der Richter / die Richterin, gegebenenfalls begleitet von Schöffinnen und Schöffen,
- der Protokollant / die Protokollantin,
- die Staatsanwaltschaft, in der Regel vertreten durch nur einen Kollegen / eine Kollegin,
- die Verteidigung, zusammen mit dem oder der Angeklagten,
- die Nebenklagevertretung, zur Vertretung der Interessen der Opfer in bestimmten Fällen,
- die Zeuginnen und Zeugen,
- die Gutachterinnen und Gutachter, zum Beispiel aus den Bereichen der Psychiatrie, der Technik oder der Unfallanalyse,
- die Wachtmeister und Wachtmeisterinnen zur Absicherung inhaftierter Angeklagter,
- und natürlich die Zuschauerinnen und Zuschauer, die die sogenannte Öffentlichkeit fast aller Verhandlungen sicherstellen.

Alle Beteiligten haben ihren eigenen Platz. An der kurzen Seite des Saals steht ein langer Tisch mit mehreren Stühlen. Dort sitzt der Richter / die Richterin, eventuell mit Schöffinnen und Schöffen. Das sind ehrenamtliche Laienrichter, die den vorsitzenden Richter / die vorsitzende Richterin bei der Entscheidung unterstützen. Normale Leute wie du und ich (also ich vielleicht nicht ganz im wörtlichen Sinne) bekommen eines Tages einen Brief, werden ins Schöffenamt berufen und sitzen dann für einen Zeitraum von fünf Jahren regelmäßig in Strafverhandlungen. Sofern Sie zwischen Mitte zwanzig und siebzig Jahre alt sind und über ausreichende deutsche Sprachkenntnisse verfügen, könnten Sie eines Tages auch dort sitzen. Vor Beginn der Verhandlung ist die Richterbank für gewöhnlich allerdings noch leer. Das Gericht lässt gern auf sich warten. Von Beginn an sitzt jedoch neben dem Richterstuhl eine Person an einem Computer. Sie wird das Protokoll führen und aufschreiben, wer wann was sagt. Links neben dem Richtertisch sitze ich, mir gegenüber die Verteidigung mit den Angeklagten. In der Mitte des Saales steht ein kleiner Tisch mit einem Stuhl für die Zeuginnen und Zeugen, die aber zunächst erst mal weiter hinten im Zuschauerraum Platz nehmen dürfen. Wenn der Richter beziehungsweise die Richterin samt Schöffinnen und Schöffen den Saal betritt, stehen alle anderen brav auf. Aus Respekt vor dem Spruchkörper, habe ich mir sagen lassen. Wenn dieser sich setzt, setzen sich auch alle anderen. Die Verhandlung kann beginnen.

Als Erstes nimmt das Gericht den Aufruf zur Sache vor. Durch einen Lautsprecher werden die Verfahrensbeteiligten in den Saal gerufen. Die sind zwar meistens sowieso schon da, aber der offizielle Aufruf gehört trotzdem dazu. Auch wenn ihn wegen der schlechten Qualität der Lautsprecher in den Gängen ohnehin niemand versteht.

Zweiter Akt: Der Richter beziehungsweise die Richterin stellt fest, wer alles zur Verhandlung erschienen ist. Das läuft wie eine kleine Vorstellungsrunde der Anonymen Alkoholiker: einmal reihum. Die Protokollkraft schreibt mit. Die Zeuginnen und Zeugen werden belehrt, sie müssen die Wahrheit sagen, sonst machen sie sich strafbar. Dann werden sie erst einmal nach draußen geschickt. Sie sollen ja schließlich nicht vorher hören, was alle anderen sagen. Die persönlichen Verhältnisse der Angeklagten werden festgestellt: Name, Alter, Anschrift, Ausbildung. So viel zu den Formalien vorab. Jetzt wird es ernst.

Dritter Akt und mein erster Auftritt: Ich verlese die Anklage. Das heißt, ich stehe auf und lese laut vor, welche Taten ich den Angeklagten zur Last legen möchte. Ruhig bleiben, atmen. Nichts Falsches vorlesen und nicht zu schnell lesen. Laut und deutlich sprechen. Nicht lachen, auch wenn die Geschädigte mit Vornamen Penelopez-Chayenne heißt (das war wirklich schwierig). Danach kann ich mich setzen und unter dem Tisch aus meinen hohen Schuhen schlüpfen. Das kann ich mir gut und gern leisten, ich muss meist erst am Ende wieder aufstehen und der Tisch ist ohnehin nach vorn und zu den Seiten bodentief geschlossen. Einmal durchatmen also.

Vierter Akt: Die Vernehmung der Angeklagten, der natürlich auch eine Belehrung vorausgeht. Die lautet aber anders als die der Zeuginnen und Zeugen. Angeklagte dürfen nämlich lügen. Und schweigen. Sie müssen sich jedenfalls nicht selbst belasten. Meistens sagen sie gar nichts. Oder zumindest nicht unbedingt die Wahrheit.

Fünfter Akt: Die Beweisaufnahme. Jetzt wird es spannend. Es wird all das eingeführt, worauf ich meine Anklage stützen möchte. Alles, was wir ermittelt haben und was für oder gegen die Angeklagten spricht. Bilder, Videos, Dokumente, Gutachten. Die Zeuginnen und Zeugen werden vernommen. Sie kommen einzeln in den Sitzungssaal, werden belehrt und dann befragt. Es läuft wieder wie bei den Anonymen Alkoholikern, einer nach dem anderen im Kreis stellt Fragen, zuerst das Gericht, dann die Staatsanwaltschaft und schließlich die Verteidigung. An dieser Stelle diskutiert man auch über unangemessene Fragen oder unverwertbare Beweismittel. »Einspruch, euer Ehren!« ruft aber niemand.

Sechster Akt: Die Schlussplädoyers und damit mein zweiter großer Auftritt. Schuhe wieder anziehen und aufstehen. Ich halte eine Art kleine Rede und begründe, warum ich die Angeklagten für schuldig halte. Dann beantrage ich für gewöhnlich eine bestimmte Strafe. Danach darf die Verteidigung ihre kleine Rede halten.

Siebter Akt: Das letzte Wort. Die Angeklagten haben immer das letzte Wort. Das ist wichtig. Würde man das vergessen, würde man einen wunderbaren Verfahrensfehler bauen. Einer Revision wären Tür und Tor geöffnet. Die Angeklagten nutzen das letzte Wort sehr selten. Die meisten sagen gar nichts mehr. Wenn mal jemand das letzte Wort nutzt, dann aber leider endlos lang. Ich musste schon letzte Worte von eineinhalb Stunden ertragen. Und auf keinen Fall darf man sie unterbrechen. Sie wissen ja, die Revision.

Schlussakt: Das Urteil. Am Ende steht das Gericht auf und der oder die Vorsitzende verkündet das Urteil und begründet die Entscheidung. Angeklagte fluchen, Angehörige weinen, die

Verteidigung schnaubt, ich fülle ein kurzes Sitzungsprotokoll aus. Dann habe ich eine Woche Zeit, mir zu überlegen, ob ich mit dem Urteil einverstanden bin. Oder ob ich ein Rechtsmittel einlege und das Ganze noch mal von vorn versuche. Diese Möglichkeit hat die Verteidigung auch.

Eine für mich erfolgreiche Hauptverhandlung steht und fällt für gewöhnlich mit der Beweisaufnahme. Kann ich in der Verhandlung nachweisen, was ich dem oder der Angeklagten in meiner Anklage zur Last gelegt habe? Kann ich das Gericht davon überzeugen, dass sich das Ganze wirklich so abgespielt hat, wie ich es darlege? Sind meine Ausführungen und meine Beweise hieb- und stichfester als alles, was die Verteidigung dagegen vorbringt? Ich habe immer dann vergleichsweise leichtes Spiel, wenn ich handfeste Beweise habe. Bilder, Videos, Schriftstücke oder andere Tatsachen, die man einfach nicht wegdiskutieren kann. Dann ist die Verteidigung meist handzahm und wir diskutieren eher über die Höhe der Strafe als über einen Freispruch. Anders sieht es aus, wenn Zeugenaussagen mein einziges Beweismittel sind, denn die sind das denkbar unsicherste Beweismittel. Das hat verschiedene Gründe. Zunächst einmal hat jeder Zeuge / jede Zeugin ein sogenanntes Zeugnisverweigerungsrecht. Das steht in § 52 der Strafprozessordnung. Es bedeutet, dass sie nicht zulasten ihrer Angehörigen aussagen müssen. Besonders gern machen die Opfer von Gewalttaten davon Gebrauch. Erst neulich noch musste meine Zeugin an drei Stellen im Gesicht genäht werden, weil der Angeklagte sie geschlagen hatte. In der Verhandlung erklärte sie plötzlich, dass sie nun mit dem Angeklagten verlobt sei und von ihrem Zeugnisverweigerungsrecht Gebrauch machen wolle. Sie wolle nicht mehr gegen den Angeklagten aussagen. Das kann mir schon mal die Verhandlung verhageln. Innerlich könnte mir dann der Kragen platzen. Zum einen wegen der Arbeit, die ich umsonst in das Verfahren gesteckt habe. Zum anderen aber auch, weil ich weiß oder zumindest ahne, dass das nicht der letzte Schlag gewesen sein wird, den die Geschädigte abbekommt. Ich kann in einer solchen Situation versuchen, der Zeugin gut zuzureden. Ich kann Hilfe anbieten und vermitteln. Aber erzwingen kann ich am Ende eben nichts. Das Zeugnisverweigerungsrecht schützt die familiären Beziehungen der Zeuginnen und Zeugen und ist nun einmal über meinem Interesse an der Wahrheit und der Strafverfolgung angesiedelt.

Auch dann, wenn Zeuginnen und Zeugen sich entschließen auszusagen, sind sie noch immer ein recht unsicheres Beweismittel. Die Wahrscheinlichkeit, dass sie tatsächlich die Wahrheit sagen, ist nicht besonders hoch. Aber wenn Sie jetzt denken, dass liege etwa daran, dass die meisten Zeuginnen und Zeugen lügen, irren Sie sich. Vorsätzliche Falschaussagen sind in der Praxis nicht die Regel. Wer eine Zeugenaussage macht, meint es eigentlich meistens gut.

Das Problem mit der so schwer zu findenden Wahrheit hat andere Ursachen. Sie sind menschlicher respektive körperlicher Natur, denn unser Gehirn funktioniert leider nicht wie eine Kamera mit Speicherkarte. Deshalb ist die größte Fehlerquelle der Zeugenaussage der Irrtum. Zeuginnen und Zeugen irren sich verhältnismäßig oft und geben dann eine andere Variante der Wahrheit wieder. Ich habe schon Prügeleien verhandelt, bei denen mir fünf Zeugen fünf völlig verschiedene Varianten des Abends erzählt haben. Und keiner von ihnen wollte lügen. Sie irren nicht, weil sie ungenau wären oder gar minderbemittelt. Sondern weil unser Gehirn schlicht nicht darauf ausgelegt ist, sämtliche Erinnerungen für einen langen Zeitraum detailliert und unverändert wiederzugeben. Wir merken uns nicht alles. Unser Gehirn selektiert. Ob aus Kapazitätsgründen oder zur effektiveren Verwaltung, das kann niemand so genau sagen. Während der Selektion vergisst unser Gehirn Dinge, die es für unwichtig hält. Zum einfacheren Verwalten passt es Erinnerungen an. Das führt bei verschiedenen Zeuginnen und Zeugen zu verschiedenen Speicherinhalten. Was wir sicher wissen, ist, dass wir uns jedenfalls die Dinge merken, die für uns von Bedeutung sind. Wenn wir an unsere Einschulung zurückdenken, erinnern wir uns bestimmt noch an unsere Zuckertüte. Die war für uns nämlich von großer Bedeutung. In meiner saß Käpt'n Blaubär als Plüschtier. Wir erinnern uns aber nicht mehr daran, was es zum Festessen gab oder wer alles eingeladen war. Das hatte eher für unsere Eltern Bedeutung. Mit ziemlicher Sicherheit erinnern wir uns außerdem an Ereignisse, die völlig außergewöhnlich waren. So weiß ich heute noch, dass ich vor zwei Jahren im Zug einmal von einem Schaffner mit offenem Hosenbund kontrolliert worden bin. Wer aber gestern auf dem Weg ins Gericht nach meiner Fahrkarte fragte, kann ich nicht mehr sagen.

Dass das menschliche Gehirn sich nicht an alles erinnern möchte, ist per se für die Zeugenvernehmung kein Problem. Problematisch ist eher, dass der Mensch meist glaubt, sich trotzdem zu erinnern. Denn unser Gehirn neigt zur sogenannten Anreicherung. Ich hatte das eingangs mit der Verwaltung verglichen. Anreicherung bedeutet, dass unser Gehirn ganz automatisch immer dann, wenn die Erinnerung etwas lückenhaft wird, versucht, diese Erinnerung zu vervollständigen. Die Anreicherung erfolgt mit dem, was das Gehirn für üblich hält. Es durchforstet quasi andere Erinnerungen und setzt das ein, was eben in solchen Situationen immer passiert. Wenn ich den Fahrer eines Unfallwagens dazu befrage, ob er denn vor dem Spurwechsel den Blinker gesetzt hat, lautet die Antwort fast immer Ja. Wenn ich dann frage, warum er das denn noch so genau sagen kann, wird er seine Antwort vehement verteidigen. Er könne es vor sich sehen, dass er geblinkt habe. Er könne das Klick-klack des Blinkers hören, das kleine Lämpchen vor seinem geistigen Auge aufleuchten sehen. Und dieser Fahrer will nicht lügen. Sein Gehirn verbindet einen Spurwechsel mit dem Setzen des Blinkers. Es ist ein automatisierter Vorgang (zumindest bei den meisten von uns). Schulterblick, blinken, Spur wechseln. Das haben wir so oft gemacht, dass wir es förmlich vor uns sehen. Und deshalb meinen wir, uns auch für eine bestimmte Situation daran erinnern zu können. Können wir für gewöhnlich natürlich nicht. Warum sollte unser Gehirn einen so banalen Standardvorgang im Langzeitgedächtnis speichern? Erlernte Reflexe und routinemäßige Handlungsabläufe schaffen den Weg in unser Langzeitgedächtnis für gewöhnlich nicht. Und doch meinen wir, uns daran erinnern zu können. Und das beteuern wir notfalls auch vor Gericht. Das gilt übrigens nicht nur für Zeuginnen und Zeugen, sondern bisweilen auch für Angeklagte. Ein trauriges Beispiel dafür, wie das Erinnerungsvermögen uns eine verfälschte Realität glaubhaft machen kann, habe ich bei der Verhandlung von Lutz Steuß erlebt.

Das Verfahren gegen Lutz Steuß war für mich das erste Verfahren einer fahrlässigen Tötung. Ich war erst wenige Monate im Dienst. Mit Verhandlungen von Straftaten mit derart gravierenden Folgen, die vor allem die Angehörigen des Opfers zu spüren bekamen, hatte ich zuvor noch wenig Berührung gehabt. Außerdem fallen mir Verhandlungen zu fahrlässigen Tötungen menschlich besonders schwer, denn sie sind für alle Seiten emotional in hohem Maße aufgeladen und belastend. Das galt auch für die Hauptverhandlung im Verfahren gegen Lutz Steuß. Herr Steuß war 48 Jahre alt und mit Leib und Seele Lkw-Fahrer. Er fuhr seit 15 Jahren für dasselbe Unternehmen und hatte dabei nicht eine einzige Eintragung im Fahreignungsregister. Und das ist bei Berufskraftfahrern wirklich selten. Herr Steuß war verheiratet und hatte zwei Kinder. An dem Tag, der das Leben von Herrn Steuß für immer verändern sollte, hatte er gerade mit seinem Lkw eine Lieferung in eine Großstadt gefahren. Es war acht Uhr morgens, die Stadt war voll, Herr Steuß stand mit seinem Lkw im Stau. Es regnete an diesem Morgen. Herr Steuß war müde, denn seine Schicht hatte mitten in der Nacht begonnen.

Edeltraut Bohrheim wohnte in der Stadt, in die Herr Steuß soeben seine Lieferung gebracht hatte. Frau Bohrheim war schon etwas betagt, sie war 83 Jahre alt. Sie war ebenfalls verheiratet, hatte zwei Kinder, dazu zwei Enkelkinder. An diesem Morgen war Frau Bohrheim zum Bäcker gegangen und hatte zum Frühstück für sich und ihren Mann frische Brötchen gekauft. Sie hatte keinen Regenschirm dabei. Ob sie deshalb nicht die knapp hundert Meter weiter zur nächsten Fußgängerampel laufen wollte oder ob sie es besonders eilig hatte, kann ich nicht sagen. Jedenfalls überquerte sie die vierspurige Straße, in der Herr Steuß mit seinem Lkw im Stau stand. Sie schlängelte sich mit ihrer Einkaufstasche an den Fahrzeugen vorbei, eine kleine

Gestalt in dunklem Mantel. Als das Auto vor ihm ein Stückchen weiterfuhr, rollte auch Herr Steuß mit seinem Lkw wieder etwas weiter. Langsam. Und auch nur ein Stück. Aber unglücklicherweise genau in dem Moment, in dem Frau Bohrheim vor seinem Lkw entlangging. Frau Bohrheim kam durch den Aufprall zu Fall. Der Lastwagen überrollte sie längs. Ein moderner Lkw hat mindestens 18 Reifen. Als etwa die Hälfte der Reifen Frau Bohrheim überrollt hatte, kam Herr Steuß durch den Stau wieder zum Stehen. Schreiende Passanten am Straßenrand machten ihn auf den Unfall aufmerksam. Für Frau Bohrheim kam jede Hilfe zu spät.

Die Verhandlung fand etwa ein Dreivierteljahr nach dem tragischen Unfall statt. Fahrlässige Tötung lautete der Tatvorwurf. Fahrlässige Tötung bedeutet, dass ein anderer durch eine Handlung des Täters zu Tode gekommen sein muss und dass das Handeln des Täters nicht den Anforderungen an die in der konkreten Lebenssituation anzuwendende erforderliche Sorgfalt entsprach. Eine schwierige juristische Definition. In der Praxis ist sie bei Verkehrsunfällen zumeist dann erfüllt, wenn dem Fahrer ein Fahrfehler zur Last gelegt werden kann und durch diesen Fahrfehler jemand zu Schaden kommt. Ein Lkw-Fahrer darf beispielsweise nicht anfahren, ohne die Vielzahl der Spiegel des Lkw zu überprüfen.

Herr Steuß ließ sich in der Verhandlung umfassend zur Sache ein. Das heißt, er schilderte das Erlebnis sehr ausführlich. Er erinnere sich noch genau, wie er mit dem Lkw in der Straße gestanden habe. Vielleicht hundert Meter weiter sei eine Ampel gewesen. Die sei zwar immer wieder grün gewesen, aber durch den Stau sei er nur langsam vorangekommen. Vor ihm sei ein VW gefahren. Ein VW Touareg oder ein Tiguan, das wisse er nicht mehr genau, jedenfalls sei er schwarz gewesen. Er habe vor jedem Anfahren alle Spiegel überprüft. Auch vor dem Zusammenstoß mit Frau Bohrheim. Das wisse er genau. Er sehe förmlich die Regentropfen auf den Außenspiegeln vor sich. Die Frau Bohrheim habe er einfach nicht sehen können. Sie müsse wohl ganz dicht vor dem Lkw entlanggegangen sein. Er habe noch nicht einmal den Aufprall bemerkt. Und auf einmal hätten draußen Menschen geschrien. Er sei ausgestiegen und habe sofort das Gehirn gesehen, eine große weiße Pfütze unter den mittleren Reifen des Lkw. Daneben lag ein blutiger Arm.

Ich würde Herrn Steuß grundsätzlich als einen glaubwürdigen Angeklagten bewerten. Er versuchte weder zu lügen noch zu beschönigen. Ich glaube, er hätte es gar nicht gekonnt. Herr Steuß war ein gebrochener Mann. Er war fahl im Gesicht. Er hatte im Vergleich zu den Bildern vom Unfalltag gut zwanzig Kilo abgenommen. Nach dem Unfall war er mit einem schweren Schock ins Krankenhaus eingeliefert worden, war danach über Monate in psychologischer Behandlung. Er schilderte ausführlich und detailreich. Er versuchte nicht, sich zu entlasten. Er gab Wissenslücken offen zu, wie zum Beispiel den Umstand, dass er sich nicht genau erinnern konnte, ob das Auto vor ihm nun ein Tiguan oder ein Touareg gewesen sei. Und doch war seine Aussage nicht vollumfänglich glaubhaft, er hatte uns nicht ganz die Wahrheit sagen können. Sein Gehirn hatte seine Erinnerung wohl ein wenig verfälscht. Ähnlich wie für uns herkömmliche Autofahrerinnen und Autofahrer der Blick in den Seitenspiegel und das Setzen des Blinkers vor dem Spurwechsel Routinehandlungen sind, verhält es sich für einen geübten Lkw-Fahrer mit der Kontrolle der Spiegel des

Fahrzeuges. Theoretisch sind sie vor jedem Anfahren zu überprüfen. Ein so großes Gefährt wäre ja sonst auch gar nicht zu überblicken.

Ich hatte vor der Verhandlung ein Gutachten zur Rekonstruierung des Unfallhergangs erstellen lassen. Der Sachverständige hatte den Lkw und die Anordnung der Spiegel eingehend untersucht. Er hatte die Straße vermessen und den Unfall mit einem Dummie, der den Maßen von Frau Bohrheim entsprach, nachgestellt. Er hatte sogar den Regen nachgestellt und die Straße samt Lkw mit Wasser besprüht. Und er hatte festgestellt, dass Herr Steuß Frau Bohrheim hätte sehen müssen, wenn er in einen bestimmten Außenspiegel gesehen hätte. Das hatte er offensichtlich nicht getan. Die Erinnerung suggerierte Herrn Steuß zwar etwas anderes, aber das Gutachten des Sachverständigen ließ keinen Raum für Zweifel. Herr Steuß hatte diesen einen Spiegel offenbar nicht kontrolliert. Ein klassisches Augenblicksversagen. Es hätte jedem passieren können. Nichtsdestotrotz entspricht das Anfahren, ohne den Außenspiegel zu überprüfen, nicht den Vorgaben der Straßenverkehrsordnung. Damit entspricht es nicht den Anforderungen an die im Verkehr erforderliche Sorgfalt. Und damit hatte sich Herr Steuß der fahrlässigen Tötung an Frau Bohrheim schuldig gemacht.

Herr Steuß war erschüttert. Nicht über das Urteil, ich glaube, er hätte so ziemlich jede Strafe akzeptiert. Aber darüber, dass er Frau Bohrheim hätte sehen können. Ich habe eine Freiheitsstrafe von zwei Jahren beantragt. Natürlich ausgesetzt zur Bewährung, Herr Steuß hatte sich noch nie strafbar gemacht. Und ihn zu inhaftieren, hätte Frau Bohrheim ja auch nicht wieder lebendig gemacht. Es wäre auch absolut nicht erforderlich gewesen. Aus der späteren Bewährungsüberwachung weiß ich, dass Herr Steuß nie wieder einen Lkw gefahren hat. Er hat seine Anstellung in dem Fuhrbetrieb gekündigt und ist jetzt in einem Versicherungsunternehmen seines Bruders tätig. Den Tod von Frau Bohrheim hat er nicht verwunden. Er ist noch immer in psychologischer Behandlung.

Herr Steuß war übrigens nicht der Einzige, der sich bei der Wahrnehmung des Unfalls geirrt hatte. Auch ich war hereingefallen. Herr Steuß hatte uns geschildert, auf der Straße als Erstes das Gehirn von Frau Bohrheim gesehen zu haben. Da sei weiße Flüssigkeit neben den Reifen des Lkw gewesen. Das war eine ziemliche Untertreibung. Ich habe zusammen mit dem Richter und dem Verteidiger die Lichtbilder vom Unfallort eingesehen. Beinahe hätte ich mir dabei meinen diensthabenden Sicherheitspapierkorb aus dem Büro gewünscht. Die Straße neben dem Lkw sah aus wie Pommes rot-weiß, weiße Flüssigkeit mit roter Flüssigkeit neben den Reifen und dem Arm von Frau Bohrheim. Auch ich war ziemlich sicher, Hirnflüssigkeit und Blut zu sehen. Zum Glück habe ich das nicht laut gesagt. Auch das war nämlich nur ein fehlerhafter Rückschluss meines Gehirns. Beeinflusst von der Aussage von Herrn Steuß und zu vielen Krimiserien im Vorabendprogramm. Tatsächlich war Frau Bohrheim nur am Körper überrollt worden. Gehirnflüssigkeit war nicht ausgetreten. Stattdessen war eine Flasche Kaffeesahne, die Frau Bohrheim beim Bäcker gekauft hatte, durch den Sturz zerbrochen und ausgelaufen.

Im Alltag tendieren wir dazu, unseren Mitmenschen bei dem, was sie sagen, grundsätzlich Glauben zu schenken. Das tun wir zumindest so lang, bis wir Anhaltspunkte dafür haben, dass dieser Glaube nicht gerechtfertigt sein könnte. Weil uns etwa gravierende Fehler auffallen bei dem, was uns erzählt wird. Oder weil wir im Laufe der Jahre erfahren haben, dass dieser oder jener Kerl einfach ein notorischer Lügner ist. Mit fortschreitender Erfahrung vor Gericht aber wird man vorsichtiger in Bezug auf das, was man den Menschen glaubt oder nicht glaubt. Man lernt, wie häufig der Mensch die Unwahrheit sagt und es oft nicht einmal selbst bemerkt. Wir alle lügen. Ob wir es wollen oder nicht.

Die zweite große Herausforderung in der Hauptverhandlung ist die Bestimmung einer konkreten Strafe. In vielen Fällen sind sich Staatsanwaltschaft, Verteidigung und Spruchkörper irgendwann einig, ob die Angeklagten die Tat begangen haben oder nicht. Wie die Strafe dann ausfällt, darüber kann man wunderbar weiter streiten. In den meisten Fällen schwebt mir eine etwas höhere Strafe vor als der Verteidigung. Das Gericht landet für gewöhnlich irgendwo in der Mitte. Manchmal kann es aber zu besonders herben Diskrepanzen kommen.

Die wohl größte Diskrepanz mit dem Gericht hatte ich im Verfahren von Svetlana Kranikova. Das Verfahren von Svetlana hat mich lange beschäftigt. Es war mein erstes großes Verfahren am Landgericht. Es war einprägsam brutal. Noch heute ist meine Erinnerung daran sehr präsent. Und noch heute ist mein Unverständnis zur Strafzumessung des Landgerichts groß.

Svetlana war 36 Jahre alt. Sie war in Tschechien geboren, lebte aber seit mehr als zehn Jahren in Deutschland. Svetlana war in bescheidenen familiären Verhältnissen in der Nähe von Teplice aufgewachsen. Ihre Mutter verdiente in Tschechien als Prostituierte den nötigen Lebensunterhalt, ihren Vater kannte sie nicht. Schon als Teenager hatte Svetlana Alkohol konsumiert. Andere Betäubungsmittel kamen hin und wieder auch hinzu, allerdings nicht besonders regelmäßig. Alkohol war in ihren Gefilden einfach preiswerter. Sie hatte keinen Schulabschluss und war schon in jungen Jahren in die Fußstapfen der Mutter getreten und als Prostituierte tätig. Ich glaube nicht, dass sie je eine andere Wahl hatte. Svetlana war ihres ungesunden Lebensstils zum Trotz eine attraktive Frau. Groß, schlank, lange dunkle Haare, ein hübsches Gesicht mit intensiven dunklen Augen. Eines Tages verliebte sich ein deutscher Freier in Svetlana. Er zahlte eine Art Ablösesumme, kaufte sie frei, nahm sie mit zu sich nach Deutschland und heiratete sie. Svetlana allerdings konnte sich mit dem biederen Lebensstil ihres deutschen Mannes nicht so recht anfreunden. Immer wieder kam es zu Eskapaden mit großen Mengen an Alkohol, manchmal mit Drogen, mit anderen Männern und Frauen. Damit wiederum konnte sich Svetlanas Mann nicht dauerhaft anfreunden. Und so trennten sie sich. Svetlana blieb in Deutschland. Sie konzentrierte sich zunächst wieder auf ihr ursprünglich erlerntes Gewerbe. Damit finanzierte sie die Miete für eine kleine bescheidene Wohnung und ihr Bedürfnis nach gelegentlichen Rauschmitteln aller Art.

Eines Tages kam Camilla zu Besuch, eine frühere Freundin aus Tschechien. Camilla war blond und kleiner als Svetlana. Aber sie war ebenso attraktiv und ebenso eine Prostituierte mit einem offenen Verhältnis zu Alkohol und Rauschmitteln. Camilla brachte ihren Freund Georg mit. Georg war als Zuhälter im gleichen Gewerbe tätig gewesen. Da Camilla und Georg in Tschechien per Haftbefehl gesucht wurden, beschlossen sie, bei Svetlana in Deutschland zu bleiben. Sie stellten schnell fest, dass die Kundschaft in Deutschland liquide und leichtgläubig war, und binnen weniger Monate entwickelten sie gemeinsam mit Svetlana ein florierendes Geschäftsmodell. Das funktionierte so:

Die beiden Frauen suchten an den Wochenenden lokale Diskotheken und Clubs auf. Zu zweit war es ein Leichtes, in den Lokalen mit Männern ins Gespräch zu kommen. Bewusst wählten sie für ihr Vorhaben Männer aus, die offensichtlich allein vor Ort waren. Eher zurückhaltende, schüchterne Männer. In einem ersten Schritt sorgten sie dafür, dass die Männer genügend Alkohol zu sich nahmen. Das war für unsere insoweit recht gut im Training stehenden Damen kein Problem. Dann wurde ein bisschen getanzt, geknutscht, gefummelt und schließlich dem jeweiligen Herrn angeboten, zusammen nach Hause zu gehen, um dort »weiterzufeiern«. In der Wohnung des Opfers angekommen wurde die Ménage-à-trois in die Horizontale verlegt. Wenn sich die Gelegenheit ergab und der Herr der Stunde sich sehr auf eine der beiden Damen konzentrierte, schickte die jeweils andere den Standort der Wohnung per WhatsApp an Georg. Georg kam vorbei, Svetlana und Camilla öffneten ihm die Tür. Dann begann Schritt zwei. Georg erklärte dem Opfer sehr eindringlich, dass es sich bei Svetlana und Camilla um Prostituierte handelte. Genauer gesagt um seine Prostituierten. Und dass die soeben erbrachte Dienstleistung in Wohnung und Bett bezahlt werden musste.

Das erklärte Georg selbstredend nicht hochdeutsch. Dafür aber lautstark und bisweilen auch unter Einsatz körperlicher Verstärkungsmittel. Und Georg war durchaus überzeugend. Der Mann war groß und breit wie ein Schrank. Trainiert, tätowiert, bärtig. Ein Zuhälter, als wäre er aus dem Vorabendprogramm einschlägiger Privatsender entflohen. Unsere schüchternen Opfer jedenfalls waren immer bereit zu zahlen. Und das bringt uns zu Schritt drei. Die von Georg aufgerufenen Preise hatten die wenigsten Opfer bar in ihrer Wohnung. Georg ließ sich deshalb die EC-Karte der Opfer samt PIN geben. Bei Widersprüchen überzeugte er wieder körperlich. Dann schickte er Svetlana zum nächstgelegenen Geldautomaten. Er selbst blieb natürlich bei den Opfern. Er stellte sicher, dass die PIN auch die richtige war. Und dass die überrumpelten und betrogenen Männer nicht zwischenzeitlich doch die Polizei riefen. Am Geldautomaten angekommen, hob Svetlana natürlich nicht nur den vereinbarten Preis ab. Nein, für gewöhnlich räumte sie das ganze Konto leer. Oder zumindest so viel, wie sie eben bekommen konnte. Dann schickte sie eine WhatsApp an Georg. Der gab dem Opfer noch eine kleine Gute-Nacht-Kopfnuss und verließ die Wohnung. Anzeigen erstatteten die Opfer nicht. Sie schämten sich, weil sie so naiv hereingefallen waren. Oder weil sie mit Prostituierten intim gewesen waren. Jedenfalls ließen sie es auf sich beruhen. Und so war das Geschäftsmodell von Svetlana, Camilla und Georg eine Zeit lang sehr erfolgreich. Bis sie an Uwe Kummer gerieten.

Uwe Kummer war 43 Jahre alt. Er war klein, schmächtig, zurückhaltend. In der Verhandlung wirkte er, als sei er erst gestern bei seinen Eltern ausgezogen und habe denkbar wenig Erfahrung im Umgang mit Frauen. Eine feste Freundin hatte er nie gehabt. Uwe lebte in bescheidenen Verhältnissen. Er hatte eine starke Lese-Rechtschreib-Schwäche und litt regelmäßig unter Angstzuständen. Eine Ausbildung hatte Uwe nicht gemacht, er lebte von Arbeitslosengeld II. Er wohnte in einer kleinen Zweiraumwohnung im siebten Stock eines Neubaublocks.

Tagsüber traf er sich gern mit seinem einzigen Freund Axel in dessen Kleingarten. Dort bauten sie ein wenig Gemüse an und tranken Bier. Abends gingen sie manchmal in die Kneipe des Kleingartenvereins. Oder sie saßen auf Uwes kleinem Balkon. Auch dort tranken sie Bier. Weder Uwe noch Axel entsprachen dem Beuteschema von Svetlana, Camilla und Georg. Aber so erfolgreich das Geschäftsmodell der drei auch war, hatte es doch einen Haken. Hatte ihre Masche einmal funktioniert, konnten sie die Diskothek oder Bar, in der ihnen ihr Opfer an den Haken gegangen war, kein zweites Mal nutzen. Sonst wäre das Risiko zu hoch gewesen, doch wiedererkannt zu werden. Deshalb gingen ihnen nach einiger Zeit schlicht die großen und profitablen Locations aus und sie mussten irgendwann auch mit kleineren Bars und Kneipen vorliebnehmen. Und so landeten Svetlana und Camilla eines Abends in der Kneipe einer Kleingartenanlage, in der Uwe und Axel wie üblich ihr Bier tranken.

Axel ging an diesem Abend früher. Und weil Uwe immer noch durch seine Mutti eingekleidet wurde, sah er wohl irgendwie nach einem anständigen, liquiden und doch leichten Opfer aus. Svetlana und Camilla spielten ein wenig Dart mit ihm, sie tranken Bier und Schnaps, und der schüchterne Uwe war ganz beseelt von der Gesellschaft der netten jungen Frauen. So wie ich Uwe während der Hauptverhandlung kennengelernt habe, kann ich mir nicht vorstellen, dass er die Damen mit sexuellen Absichten zu sich nach Hause eingeladen hätte. Wahrscheinlich war er noch Jungfrau. Aber sie erzählten ihm, ihr letzter Zug nach Hause sei schon gefahren und sie wüssten nicht, wo sie schlafen sollten. Und so nahm er sie mit. Svetlana mühte sich sehr, sie machte Musik an und tanzte dazu aufreizend in Uwes Wohnzimmer. Erst mit Camilla, dann versuchte sie,

Uwe anzutanzen. Doch Uwe machte einfach keine Anstalten, sich auf die beiden Frauen einzulassen. Stattdessen bezog er irgendwann sein Bett für Svetlana und Camilla mit frischer Bettwäsche. Für sich selbst legte er eine alte Decke und ein Kissen von seinem Balkon auf die Couch. Svetlana und Camilla versuchten es mit mehr Alkohol. Doch das machte Uwe auch nicht hemmungsloser. Eher müde. Er schlief immer wieder im Sitzen auf der Couch ein. Georg wurde schon ungeduldig. Geschlagene zwei Stunden wartete er nun schon unten vor dem Haus auf seinen Auftritt. Schließlich setzte sich Svetlana auf Uwes Schoß und zog ihm das Hemd aus. Sie küsste ihn. Sie zog ihm die Hose aus. Uwe ließ das Ganze zwar mit großen Augen über sich ergehen, aber er machte einfach nicht mit. Wie auch. Er war höchstwahrscheinlich sowohl von der Menge des Alkohols als auch von der Frau auf seinem Schoß völlig überfordert.

Camilla verlor irgendwann die Geduld und öffnete die Tür für Georg. Der spielte seinen Auftritt. Ein bisschen abgewandelt natürlich, Uwe hatte ja schließlich mit keiner der beiden Damen geschlafen. Das versuchte Uwe Georg auch zu erklären. Georg spielte trotzdem den wütenden Zuhälter. Er schrie Uwe an, er schlug ihm ins Gesicht. Das half aber wenig. Uwe sagte, er habe kein Geld. Und das stimmte. Uwe lebte von ALG II. Und es war Monatsende. Da war meistens nicht mehr viel übrig. Camilla fand in der Küche Uwes Portemonnaie. Es war nur noch Hartgeld darin. Georg wollte die PIN zu Uwes EC-Karte haben. Uwe sagte, er habe kein Geld mehr auf dem Konto. Georg schrie wieder und schlug Uwe ins Gesicht. Er glaubte ihm nicht. Uwe schrieb seine PIN auf. Svetlana lief mit der EC-Karte und der PIN zum nächsten Geldautomaten. Auf dem Konto von Uwe waren noch 17,56 Euro.

Svetlana rief Georg an. Georg wurde sehr wütend. Er dachte, Uwe wolle ihn austricksen. Er schlug Uwe mehrfach ins Gesicht und in den Bauch. Er nahm ein Messer aus der Küche und hielt es Uwe an den Hals. Er drohte ihm, ihn umzubringen, wenn er nicht verrate, wo er sein Geld versteckt habe. In der Zwischenzeit war Svetlana zurück. Auch sie versuchte, Uwe mit dem Messer zu bedrohen. Uwe versicherte immer wieder, er habe wirklich nicht mehr Geld. Die drei glaubten ihm nicht. Rasend vor Wut zog Georg den wehrlosen Uwe an den Haaren auf den Balkon. Er drückte Uwes Kopf herunter auf die betonierte Balkonumrandung, sodass sein Gesicht frontal darauf lag. Uwe solle sagen, wo das Geld sei, sonst lasse er ihn das Geländer »fressen«. Dass Uwe mit dem Geländer zwischen den Zähnen nicht reden konnte, hatte Georg nicht bedacht. Aber Uwe hatte ja ohnehin kein Geld. Georg rammte seinen Ellenbogen auf Uwes Hinterkopf. Es krachte. Mehrere von Uwes Zähnen brachen an dem Geländer seines Balkons. Uwe spuckte Blut. Stöhnend sackte er auf dem Boden des Balkons zusammen. Aber Georg reichte das noch nicht. Obwohl Uwe sicher schon längst nicht mehr richtig sprechen konnte, ließ er nicht von ihm ab. Er zog ihn am Kragen seiner Jacke wieder nach oben. Dann bekam er einige leere Bierflaschen zu fassen, die auf dem Balkon standen, und zerschlug sie in Uwes Gesicht. Spätestens jetzt hatte der Zuhälter völlig die Beherrschung verloren. Er schleifte Uwe zurück in die Wohnung, warf ihn dort einige Male gegen die Wand, bis er schließlich in der Mitte des Raumes liegen blieb. Mehrfach sprang Georg mit aller Wucht und vollem Kampfgewicht auf Bauch und Brustkorb seines Opfers. Erst als Uwe sich nicht mehr bewegte, ließ Georg von ihm ab.

Svetlana und Camilla hatten alles mit angesehen. Still hatten sie sich in eine Ecke des Wohnzimmers gedrückt und waren nicht eingeschritten. Als Uwe sich nicht mehr bewegte, sammelten die drei in seiner Wohnung alles ein, was sich auch nur ansatzweise zu Geld machen ließ. Und das war nicht viel. Sie flüchteten mit einer Flasche Parfüm, einer wertlosen alten Armbanduhr, einer Krawattennadel, die Uwe zur Konfirmation bekommen hatte und dem Hartgeld aus seinem Portemonnaie.

Zwischenzeitlich war die Nachbarin durch den Lärm in Uwes Wohnung wach geworden. Erst hatte sie sich geärgert und gedacht, Uwe würde so spät noch feiern, schilderte sie in der Hauptverhandlung. Aber dann hatte sie Uwe auf dem Balkon schreien hören. Und dann hatte es mehrere Aufschläge an ihrer Wohnzimmerwand gegeben. Daraufhin hatte sie die Polizei gerufen. Die Einsatzkräfte fanden Uwe schwer verletzt in seiner blutverspritzten Wohnung. Noch in derselben Nacht wurde er notoperiert. Er erlitt ein schweres Schädel-Hirn-Trauma, multiple innere Verletzungen, eine beidseitige Rippenserienfraktur mit Fraktur sämtlicher zwölf Rippen an der rechten Körperseite und Fraktur von vier Rippen an der linken Körperseite, eine Fraktur an der linken Hand, zahlreiche Einschnitte im Gesicht, eine Schnittverletzung am Hals und unzählige Hämatome. Eine der inneren Verletzungen war eine Perforation des Dünndarms. Der Dünndarm war eingerissen und Darminhalt trat in die Bauchhöhle ein. Ein Rippenbruchstück verursachte eine Lungenkontusion. Ohne ärztliche Hilfe wäre Uwe binnen kurzer Zeit verblutet oder an einer Sepsis verstorben.

Die Gerichtsverhandlung fand fast eineinhalb Jahre nach dem Vorfall statt. Angeklagt war nur Svetlana. Georg war zwischenzeitlich in Tschechien in anderer Sache in Haft, Camilla war spurlos verschwunden. Die Verhandlung dauerte drei Tage. Die Beweislage für meine Anklage war gut. Svetlana hatte sich gegenüber der Polizei recht umfangreich eingelassen. Auch Uwe hatte sich zu einer Aussage durchringen können. Es fiel ihm sichtlich schwer, uns in der Hauptverhandlung Rede und Antwort zu stehen. Während seiner gesamten Aussage sah er nach unten. Svetlana hatte er nicht ein einziges Mal angesehen. Die Fragen der Richter und der Verteidiger schienen ihn wie Messer zu treffen. Und ich verstand sein Unbehagen vollkommen. Obwohl ich das Tatgeschehen schon aus der Akte kannte und in Vorbereitung auf die Verhandlung ausführlich studiert hatte, stellten sich mir bei Uwes Schilderungen die Nackenhaare auf. Seine Aussage war detailreich und ausführlich. Frei von Widersprüchen und damit sehr glaubhaft. Genau so, wie man es sich in der Hauptverhandlung wünscht. Die Aussagen von Axel, vom Betreiber der Kneipe in der Kleingartenanlage und von Uwes Nachbarin konnten seine Aussagen untermauern. Die Aufnahmen der Überwachungskamera der örtlichen Sparkasse zeigten Svetlana am Geldautomaten. Auf Svetlanas Handy konnte der Chatverlauf mit Georg sichergestellt werden. Das Ergebnis der Beweisaufnahme war unstreitig. Svetlana war schuldig des schweren Raubes in Tateinheit mit gefährlicher Körperverletzung. So weit stimmte meine Rechtsauffassung mit der des Gerichts und der Verteidigung überein. Unsere Auffassungen darüber, wie Svetlana dafür bestraft werden sollte, lagen allerdings Lichtjahre auseinander.

Strafzumessung heißt das Zauberwort. Strafzumessung bedeutet die Bestimmung einer konkreten Strafe, zum Beispiel einer konkreten Zeit, die der oder die Angeklagte in der JVA absitzen muss. Die Strafe für eine Straftat richtet sich grundsätzlich nach dem Strafgesetzbuch. Darin sind so ziemlich alle Straftaten enthalten, die man sich vorstellen kann, von der Beleidigung bis zum Mord. Wenn ich einen Sachverhalt auf dem Tisch habe, nehme ich ihn und schaue, unter welchen Straftatbestand ich ihn subsumieren kann. Das schlaue Strafgesetzbuch sagt mir dann, wie der Sachverhalt zu bestrafen ist. Das Strafgesetzbuch bestimmt dabei aber eben keine konkreten Punktstrafen. Nicht jeder Diebstahl bringt ein halbes Jahr Freiheitsentzug oder dreißig Tagessätze. Das Strafgesetzbuch bestimmt stattdessen einen sogenannten Strafrahmen. Der Diebstahl wird zum Beispiel nach § 242 Strafgesetzbuch mit Freiheitsstrafe bis zu fünf Jahren oder mit einer Geldstrafe geahndet. Das ist eine ganz schön große Spanne. Und diese Spanne muss ich ausfüllen. Na ja, eigentlich das Gericht. Wir nehmen dazu verschiedene Kriterien, die für oder gegen die Angeklagten sprechen, wägen ab, rechnen und kommen dann zu einem konkreten Ergebnis. Diesen Prozess der Festlegung der konkreten Strafe nennt man Strafzumessung. Was heißt das nun aber konkret für Svetlana?

Svetlana hatte mehrere Straftatbestände verwirklicht. Einen schweren Raub (Gewalt plus Klauen) und eine gefährliche Körperverletzung. Die Handlungen von Georg und Camilla rechnen wir ihr als Mittäter zu. Mittäter sind Täter, die aufgrund eines gemeinsamen Tatplans gemeinschaftlich handeln. Auch das sagt das Strafgesetzbuch. Handeln mehrere Personen als Mittäter, rechnen wir ihnen die Tatbeiträge der jeweils anderen als eigene Taten zu. Sie kennen sicher den Spruch »Mitgegangen, mitgefangen, mitgehangen«. Das meint im Grunde dasselbe. Die einzelnen Taten von Svetlana und unseren beiden Mittätern stehen in sogenannter Tateinheit – noch ein schwieriger juristischer Begriff, ich bitte um Verzeihung. Tateinheit nehmen wir hier deshalb an, weil alle einzelnen Handlungen direkt am Stück begangen worden sind und ja auch inhaltlich irgendwie zusammengehören. Wir möchten dann am Ende auch nur eine Strafe verhängen. Eine für alles quasi. Dazu nehmen wir den Strafrahmen von dem Delikt, das mit der höchsten Strafe bedroht ist. Das schwerste Delikt, das Svetlana begangen hat, war der schwere Raub. Nach § 250 Strafgesetzbuch wird der schwere Raub mit Freiheitsstrafe von nicht unter drei Jahren bestraft. Nach Abs. 2 wird er mit nicht weniger als fünf Jahren bestraft, wenn der Täter

- bei der Tat eine Waffe oder ein gefährliches Werkzeug verwendet hat, oder
- das Opfer durch die Tat körperlich schwer misshandelt hat oder
- es durch die Tat in die Gefahr des Todes gebracht hat.

Jackpot! Svetlana und ihre Mittäter haben gleich alle drei Varianten erfüllt. Also mindestens fünf Jahre Freiheitsstrafe. Höchstens 15. Jetzt heißt es abwägen.

Als Erstes prüfen wir, ob die Strafe zu mildern ist. Es gibt nämlich bestimmte Fälle, in denen der Strafrahmen durch eine Milderung noch einmal nach unten korrigiert werden muss. Bei Svetlana fällt da natürlich sofort ihre Alkoholisierung ins Auge. Ist der Täter stark alkoholisiert, kann die Schuldfähigkeit gemindert sein, in manchen Fällen kann die Schuldfähigkeit sogar ganz ausgeschlossen sein. Bei einer verminderten

Schuldfähigkeit könnten wir für einen schweren Raub schon mit einer Freiheitsstrafe ab zwei Jahren einsteigen. An eine verminderte Schuldfähigkeit sind aber recht hohe Anforderungen zu stellen. Wir nehmen sie für gewöhnlich erst bei einer Blutalkoholkonzentration ab 2,0 Promille an. Das ist ein Wert, bei dem die meisten Menschen schon mit einer Alkoholvergiftung im Krankenhaus liegen würden. Besonders »alkoholgewöhnte« Täter schaffen das gelegentlich aber doch. Für Svetlana gab es keine konkreten Werte der Blutalkoholkonzentration zum Tatzeitpunkt. Die Polizei war erst am Tag nach der Tat auf ihre Spur gekommen. Also hatte ich einen psychiatrischen Gutachter beauftragt. Der wertete aus, was Svetlana nach ihren Angaben und denen von Uwe getrunken hatte. Er bewertete ihr Verhalten und schaute sich alle Zeugenvernehmungen an. Er hatte Svetlana vor der Verhandlung sogar in seiner Klinik untersucht, um festzustellen, ob sie besonders alkoholgewöhnt oder sogar abhängig war. Er kam zu dem Ergebnis, dass Svetlana zwar oft und gern trank und wohl auch einiges vertrug, aber jedenfalls noch nicht abhängig sei. Aus ihrem Verhalten und der Anzahl an Gläsern von Bier und Schnaps schloss er, dass sie noch nicht wesentlich in ihrer Urteilsfähigkeit eingeschränkt war. Sie war gut angetrunken, verhielt sich aber noch sehr kalkuliert und strukturiert. Ausfallerscheinungen hatte er nicht feststellen können. Das bedeutete für mich, ich konnte bei meinem hohen Strafrahmen bleiben. Jetzt hieß es abwägen und die konkrete Strafe festlegen.

Was können wir zugunsten von Svetlana berücksichtigen? Da wäre zunächst ihr Geständnis. Das berücksichtigen wir immer. Es erleichtert schließlich unsere Arbeit. Dann können wir die schwierigen Verhältnisse berücksichtigen, in denen Svetlana groß werden musste. Zwangsprostitution und Alkohol schaffen bestimmt keine guten Menschen. Auch die Gruppendynamik und den Einfluss des ziemlich gruseligen Georg können wir zu ihren Gunsten werten. Und zumindest ein bisschen ihre Alkoholisierung. Sie mag nicht vermindert schuldfähig gewesen sein, aber mit Sicherheit ein wenig enthemmt. Mehr fällt mir dann aber auch wirklich nicht ein.

Zu Svetlanas Lasten könnte man eine ganze Menge anführen. Den finanziellen Schaden der Tat können wir wohl vernachlässigen. 17,56 Euro wären wohl fast im Bagatellbereich. Weitaus schlimmere Folgen hatte die Tat für Uwe. Er musste mehrfach operiert werden, war wochenlang im Krankenhaus und hat noch heute wenig ansehnliche Ersatzzähne und einige Narben am Hals und im Gesicht. Bleibende sichtbare Erinnerungen also. Auch weniger offensichtliche Folgen sind ihm bis heute geblieben. Seine Angststörungen haben so weit zugenommen, dass er nicht mehr zu Axel in die Kleingartenanlage gehen kann. Eigentlich verlässt er seine Wohnung so gut wie gar nicht mehr. Weiter können wir Svetlana zur Last legen, dass sie gleich mehrere Taten tateinheitlich verwirklicht hat, sogar mehrere Qualifikationsmerkmale des schweren Raubes. Hinzu kommt, dass sie bereits mehrfach vorbestraft war. So die Faktenlage. Besonders beeindruckt war ich aber auch von der Brutalität und Gleichgültigkeit gegenüber Uwe, die das Trio bis zum Schluss an den Tag gelegt hat. Selbst, als sie dachten, sie hätten ihn zu Tode geprügelt, haben sie noch in aller Seelenruhe seine Wohnung nach Wertgegenständen durchsucht. Ich meine, wer stiehlt denn einem scheinbar Toten die Krawattennadel von der Konfirmation?

Während der Hauptverhandlung hatte ich versucht, all diese Belange in die Waagschale zu legen. Es ist nicht immer ganz einfach, in der Eile der Verhandlung alles zu berücksichtigen, was ich vielleicht erst im Laufe der Vernehmungen erfahren habe. Auf einigen Notizzetteln hatte ich in den drei Tagen, die wir in Svetlanas Verfahren verhandelt hatten, einiges notiert und sortiert. Alles in allem würde hier in jedem Fall eine mehrjährige Haftstrafe zu kalkulieren sein, dessen war ich mir sicher. Entsprechend lautete mein Antrag am Ende von Svetlanas Prozess am Landgericht. Ich beantragte sechs Jahre und sechs Monate. Svetlanas Verteidiger beantragten ähnlich. Sie hatte sogar zwei Verteidiger. Beide betonten, wie sehr Svetlana das Ganze leidtun würde, wie tragisch ihr bisheriges Leben verlaufen sei. Aber beide sprachen sich letztlich für Freiheitsstrafen aus. Etwas geringer als meine Forderung, aber das versteht sich ja von selbst. Svetlana hatte das letzte Wort. Sie sagte nichts. Nicht einmal zu Uwe. Der vorsitzende Richter zog sich mit seinen Schöffen zur Beratung zurück.

Das Landgericht traf eine für alle Beteiligten völlig unverständliche Entscheidung. Das Gericht ging entgegen meinen Ausführungen, entgegen dem psychiatrischen Gutachten und sogar entgegen den Ausführungen der Verteidiger von einer verminderten Schuldfähigkeit aus. Es milderte die Strafe und entschied sich am Ende für zwei Jahre und sechs Monate. Aber damit nicht genug. Selbst diese Strafe sollte Svetlana nicht in der Justizvollzugsanstalt verbringen. Entgegen allen Erwartungen ordnete das Landgericht außerdem die Unterbringung in einer Entziehungsanstalt an. Svetlana sollte zum Alkoholentzug. Der Aufenthalt in einer Entziehungsanstalt wird bis zu zwei Drittel auf die Dauer einer Haftstrafe angerechnet. Was übrig bleibt, kann bei guter Führung zur Bewährung ausgesetzt werden.

Ich verstand die Welt nicht mehr. Die Frau, die mit ihren Freunden den völlig harmlosen Uwe für 17,56 Euro fast zu Tode geprügelt hatte, sollte jetzt lediglich mit der Entgiftung einer Abhängigkeit büßen, die aus Sicht der Ärzte gar nicht bestand? Verständnislos sah ich den Sachverständigen an, der nur leicht, fast unmerklich, den Kopf schüttelte. Selbst Svetlanas Verteidiger schienen perplex. Genau wie ich versuchten sie natürlich, sich nichts anmerken zu lassen. Situationen wie in amerikanischen Spielfilmen, in denen die Prozessbeteiligten nach der Urteilsverkündung aufspringen und laut protestieren, sind in der Praxis eher unüblich. Wir versuchen, trotz allem Ärger und Unverständnis das Urteil des Gerichts professionell entgegenzunehmen. Wir warten auf die schriftlichen Urteilsgründe. Und wenn wir dann noch immer der Auffassung sind, mit der Entscheidung des Gerichts nicht leben zu können, entscheiden wir uns für den professionellsten und auch schlicht wirkungsvollsten Protest: Wir legen ein Rechtsmittel ein. Im Verfahren gegen Svetlana habe ich genau das getan.

Vom Durchsuchen und Beschlagnahmen

… oder wie Heiratsschwindel
ohne Frauen geht

Wenn ich als Staatsanwältin nicht gerade Anklagen schreibe oder in einer Verhandlung sitze, dann muss ich ermitteln. Ich muss Beweise sammeln, Zeuginnen und Zeugen vernehmen, Täterinnen und Täter identifizieren. Nicht ganz wie im *Tatort*, aber manchmal schon ein bisschen so ähnlich. Wenn eine Straftat passiert und nicht gerade jemand dabei stirbt, muss ich für gewöhnlich nicht persönlich zum Tatort. Die erste Arbeit übernehmen meine Kolleginnen und Kollegen von der Polizei. Sie machen Bilder, sie nehmen Proben, sie beauftragen Labore, sie vernehmen Zeuginnen und Zeugen und Angeklagte. Dann schreiben sie alles übersichtlich in eine Akte. Die Akte landet wenig später bei mir auf dem Schreibtisch. Wenn alles schon vollständig ist, kann ich direkt eine Anklage schreiben.

So einfach ist das aber nicht immer. Oft benötigt die Polizei für ihre Arbeit einen richterlichen Beschluss. Oder zumindest eine staatsanwaltschaftliche Anordnung. Sie dürfen nicht einfach die Wohnung von Tatverdächtigen stürmen und alle Beweise mitnehmen, die sie finden. Oder Kontoauszüge von Banken verlangen, Telefone abhören, Fahrzeuge orten und Leute beschatten. Wenn eine solche Maßnahme erforderlich ist, wenden sie sich an mich. Ich prüfe die Rechtslage und schaue, ob die Maßnahme wirklich durchgeführt werden kann. Wenn ja, entwerfe ich einen entsprechenden Beschluss und besorge mir die Unterschrift des zuständigen Ermittlungsrichters. Wenn es ganz eilig ist, geht's auch mal ohne.

Eine der häufigsten Ermittlungsmaßnahmen ist die Durchsuchung. Auch sie bedarf eines richterlichen Beschlusses. § 102 Strafprozessordnung ermöglicht mir eine solche Durchsuchung immer dann, wenn ich tatsächliche Anhaltspunkte dafür habe, dass eine Straftat begangen worden ist und dass die

Durchsuchung zur Ergreifung des Täters oder der Täterin oder zum Auffinden von Beweismitteln führen wird. Wir nutzen Durchsuchungsbeschlüsse aber nicht nur, wenn wir tatsächlich selbst nach etwas suchen wollen. Manchmal benötige ich sie auch einfach als Druckmittel. Wenn ich zum Beispiel von einer spanischen Bank die Personalien zum Inhaber eines Kontos anfordere, habe ich ohne richterlichen Beschluss meistens schlechte Karten. Dann muss ich den Einsatz erhöhen. Wenn die Bank nicht mit mir spielen möchte, beantrage ich einen Durchsuchungsbeschluss für die Dokumente, die ich benötige. Den lege ich der Bank vor. Und weil die Bank nicht möchte, dass zwanzig uniformierte Polizeibeamte alle Aktenschränke durchsuchen und sämtliche Computer öffentlichkeitswirksam aus der Bank tragen, gibt sie mir dann doch lieber die Dokumente heraus.

Durchsuchungen sind also Alltagsgeschäft und eigentlich keine große Sache. Für die Betroffenen sind sie aber oft sehr unangenehm. Ein treffendes Beispiel für die unangenehmen Folgen einer Durchsuchung war Sven Schulz. Für ihn habe ich einen meiner ersten Durchsuchungsbeschlüsse beantragt.

Sven Schulz war 32 Jahre alt. Er arbeitete als Fahrer und Monteur für ein Küchenstudio. Als Jugendlicher war er zweimal wegen Ladendiebstahls verurteilt worden, danach aber nicht weiter aufgefallen. Sven war Mitglied in einem lokalen Fußballverein. Dort war auch Mario Illner Mitglied. Eines Tages entwendete Sven das Portemonnaie von Mario aus der Umkleidekabine. Ob Mario besonders gutgläubig gegenüber seinen Sportsfreunden war oder ob er es nicht besser wusste, kann ich nicht sagen. Mario hat die Kreditkarte, die sich in seinem Portemonnaie befand, jedenfalls nicht sperren lassen. Sven hatte aber offensichtlich nicht vorgehabt, die Konten von Mario komplett abzuräumen. Er nutzte die Karte für ganz andere Zwecke. Etwa zwei Monate nach dem Diebstahl stellte Mario marginale Unregelmäßigkeiten auf seiner Kreditkartenabrechnung fest. Für 2,99 Euro monatlich hatte sich Sven auf dem Portal www.findyoursexbuddy.de angemeldet. Für weitere 1,99 Euro hatte er das Zusatzpaket »Parkplatzsex« gebucht. Mario erstattete Anzeige. Ich schrieb den ersten Beschluss für die Daten des Portals. Wir wussten ja schließlich noch nicht, wer sich da angemeldet hatte. Nur Mario selbst war es scheinbar nicht gewesen. Die Polizei wertete das Profil aus. Sven hatte besonders clever sein wollen, er hatte einen anderen Namen angegeben und auch einen anderen Wohnort. Leider hatte er seinem Profil aber seine Telefonnummer und eine Reihe von Fotos hinzugefügt. Er trug auf allen ein Basecap. Sonst nichts. Es dauerte nicht lange, bis die Kollegen der Polizei über den Mobilfunkanbieter Svens Personalien ermittelt hatten.

Ich hätte jetzt direkt eine Anklage schreiben können. Aber ich wollte natürlich nicht nur den Internetbetrug anklagen, ich wollte auch den Diebstahl der Geldbörse ahnden. Dazu brauchte ich das Portemonnaie. Ich hatte, wie § 102 Strafprozessordnung es erfordert, Anhaltspunkte für eine Straftat, und es war zu vermuten, dass ich das Portemonnaie, also ein Beweismittel, bei Sven auffinden könnte. Also beantragte ich einen Durchsuchungsbeschluss. Der Wortlaut des Beschlusses hatte natürlich mit den Ausführungen zu Svens Treiben mit der Kreditkarte einen gewissen Unterhaltungswert für alle Beteiligten. Zumindest für die Beteiligten aufseiten der Justiz. Für Sven war das Ganze weniger lustig. Er war am Tag der

Durchsuchung nämlich nicht zu Hause. Stattdessen öffnete seine Verlobte die Tür. Sie war im siebten Monat schwanger. So ein Durchsuchungsbeschluss muss vor der Durchsuchung laut verlesen oder übergeben werden. Auch in einem solchen Fall. Einschließlich der Ausführungen zum Sonderpaket »Parkplatzsex«. Für Sven ist das Ganze nicht gut ausgegangen. Das entwendete Portemonnaie wurde bei ihm gefunden. Zum Zeitpunkt der Verhandlung war er nicht mehr verlobt.

Im Normalfall fahre ich zu Durchsuchungen nicht selbst mit. Die Kolleginnen und Kollegen von der Polizei kriegen das super ohne mich hin. Sie durchsuchen, sie beschlagnahmen, werten dann alles aus und ich bekomme wieder eine hübsche übersichtliche Akte. Ich selbst nehme eigentlich nur dann an Durchsuchungen teil, wenn wir entweder Schwierigkeiten erwarten oder wenn ich die Ergebnisse ganz besonders schnell benötige. Mit einer Investition von etwa zwei Stunden kann ich dafür sorgen, dass das Ergebnis der Durchsuchung gut sechs Monate eher auf meinem Schreibtisch landet. Wenn ich selbst vor Ort bin, kann ich sofort entscheiden, was wirklich wichtig ist. In manchen Fällen reduziert das die Anzahl beschlagnahmter Aktenordner erheblich. Und das wiederum verkürzt die Auswertungszeit. Deshalb ist es in bestimmten Fällen sinnvoll, eine Staatsanwältin bei der Durchsuchung dabeizuhaben. Besonders in der Anfangszeit sollte man sich so eine Durchsuchung aber auch einfach einmal selbst anschauen. Die Kolleginnen und Kollegen der Polizei freuen sich über Interesse an ihrer Arbeit, man knüpft persönliche Kontakte, man erweitert den eigenen schreibtischlastigen Horizont. Und es macht auch einfach Spaß. Denn man findet oft ganz anderes, als man eigentlich gesucht hat.

Schauen wir uns einmal an, wie so eine Durchsuchung abläuft. Als Erstes benötigen wir natürlich einen Tatverdächtigen. Die erste Durchsuchung, an der ich selbst teilgenommen habe, ergab sich aus einem Ermittlungsverfahren gegen Herrn Amitabh Kumar und Frau Karolina Buzek. Herr Kumar war 29 Jahre alt und indischer Staatsbürger. Er war verheiratet mit Frau Buzek, 24 Jahre alt, polnische Staatsangehörige. Ausweislich ihrer Heiratsurkunde hatten sie sich auf der traumhaft schönen Insel Barbados vermählen lassen. Dann hatten sie wohl beschlossen, nach Deutschland zu ziehen. Vielleicht, weil Frau Buzek eine Anstellung in einem Reinigungsunternehmen bekommen hatte. Am Stadtrand einer mittleren Kleinstadt hatten sie eine Wohnung gemietet. Frau Buzek konnte als Staatsbürgerin eines Mitgliedsstaates der Europäischen Union ohne Weiteres in Deutschland leben. Herr Kumar hingegen benötigte eine Aufenthaltsberechtigung. Dazu musste er bei der örtlichen Ausländerbehörde nachweisen, dass er mit einer EU-Bürgerin verheiratet und sein Auskommen gesichert war. Er vereinbarte zusammen mit Frau Buzek und einem Dolmetscher einen Termin bei der örtlichen Ausländerbehörde. Dort legte er seine Heiratsurkunde aus Barbados, den Mietvertrag für die kleine Wohnung am Stadtrand und eine Arbeitgeberbestätigung des Reinigungsunternehmens vor, bei dem auch Frau Buzek angestellt war. Eine Heiratsurkunde aus Barbados hatte der zuständige Mitarbeiter der Ausländerbehörde noch nie gesehen. Und deshalb nahm er einen Abgleich vor. Die Urkunde war gefälscht.

Ob Herr Kumar selbst die Urkunde gefälscht hatte, wusste ich zu diesem Zeitpunkt natürlich nicht. Aber jedenfalls hatte er sie in einer Behörde vorgelegt. Und auch der Gebrauch einer unechten oder gefälschten Urkunde ist nach § 267 Strafgesetzbuch strafbar. Die Kollegen der Polizei leiteten ein Ermittlungsverfahren ein. Noch bevor die Akte den Weg auf meinen Schreibtisch gefunden hatte, tauchte ein weiteres Pärchen mit einer Heiratsurkunde aus Barbados in der Ausländerbehörde auf. Und wenige Tage später ein drittes. Auch hier waren die Heiratsurkunden gefälscht. Die Ehemänner waren wiederum aus Indien eingereist, die Ehefrauen hatten die polnische Staatsbürgerschaft. Alle waren bei demselben Reinigungsunternehmen angestellt. Das machte einen seltsamen Eindruck. Und es verschaffte meiner Durchsuchung nicht nur einen, sondern gleich eine ganze Menge Tatverdächtige.

In einem zweiten Schritt benötigen wir einen Durchsuchungsbeschluss. Der war schnell beantragt. Ziel der Durchsuchung war natürlich das Auffinden von Beweismitteln. In unserem Fall waren das die gefälschten Heiratsurkunden aus Barbados und andere Dinge, die damit zusammenhängen könnten: Dokumente, die man für so eine Fälschung nutzen könnte und Bearbeitungsprogramme, gespeicherte Kopien, Bilder und Daten. All das sollte in den Beschluss aufgenommen werden. Durchsuchungsorte waren die jeweiligen Wohnungen unserer verdächtigen Ehepaare. Außerdem wollten wir uns dieses Reinigungsunternehmen, bei dem irgendwie alles zusammenzulaufen schien, einmal genauer anschauen.

Ist der Durchsuchungsbeschluss aus dem Gericht zurück, folgt Schritt drei: Das zuständige Polizeirevier fordert Einsatzkräfte der Bereitschaftspolizei an. Weil wir mehrere Objekte gleichzeitig durchsuchen wollten, bekamen wir vier Busse mit je sechs Kollegen. Das war eine ganze Menge.

Dann wird es ernst. Kurz vor der Durchsuchung gibt es eine Art Lagebesprechung mit allen Beteiligten. Im Fall von Herrn Kumar und Frau Buzek war die Vorbesprechung für fünf Uhr dreißig am Morgen des Einsatztages angesetzt. Um sieben Uhr dreißig wollten wir durchsuchen. Ziel war ja schließlich, dass unsere Ehepaare auch noch zu Hause waren. Für Juristinnen und Juristen ist fünf Uhr dreißig eine denkbar unchristliche Zeit, es grenzt an Körperverletzung. Denn vor acht oder neun betritt im Gericht und bei der Staatsanwaltschaft eigentlich niemand das Büro. Aber es half ja alles nichts, also stand ich an jenem Morgen unsagbar früh auf und fuhr mit meinem kleinen Opel Corsa zum Polizeirevier. Es war dunkel und kalt. Vor dem Polizeirevier stand schon eine Gruppe junger Kollegen der Bereitschaftspolizei und rauchte. Die Herren von der Bereitschaftspolizei erkennt man meistens an einer sportlichen Statur und einem schwarzen Anzug mit schusssicherer Weste. Ich stellte meinen kleinen Corsa neben die Busse der Bereitschaftspolizei und stieg aus.

»Ey, Kleines«, rief einer von ihnen schon von Weitem, »da kannste nicht parken!«

Diese Art Ansprache war ich als Staatsanwältin jetzt nicht unbedingt gewohnt. Erst recht nicht von den Kollegen der Polizei. Ich parkte natürlich trotzdem um. Die Besprechung fand an einem langen Tisch statt. Es gab schlechten Kaffee. Die Stühle reichten nicht für alle. Die Realität ist also weit weniger nobel, als *Navy CIS* uns glauben lässt. Aber es gab Listen und Lagepläne und eine Menge Fotos auf dem Tisch. Und einen dickeren Kollegen, der auf den Lageplänen Kreuze mit einem roten Edding einzeichnete. Ein bisschen wie im *Tatort* also. Der Kollege teilte außerdem Kopien der gefälschten Heiratsurkunden aus.

»Das hier sind die Dokumente, die wir suchen«, erklärte er. »Wir suchen nach Aktenordnern, Büchern, Kisten und Computern. Aber nehmt nicht einfach alles mit. Wir haben die zuständige Staatsanwältin dabei. Wir können vor Ort entscheiden, was wir wirklich brauchen.«

Er deutete auf mich. Dem Kollegen im Kampfanzug, der mich in jovialem Ton hatte umparken lassen, entglitten die Gesichtszüge. Als wir hinausgingen, tippte er mich an.

»Es tut mir leid, dass ich Sie vorhin geduzt habe. Ich dachte, Sie sind die Praktikantin oder so. Die Staatsanwälte sind doch sonst immer so alt.«

Auch die eigentliche Durchsuchung erinnerte erst einmal wenig an *Navy CIS*. Okay, wir hatten eine Menge voll aufmunitionierte Polizisten dabei. Aber die stürmten nicht schreiend mit der Waffe im Anschlag die Gebäude. Nein, wir parkten vorbildlich unsere Fahrzeuge, gingen zur Haustür und klingelten. Sowohl an dem Reinigungsgebäude als auch an den Wohnungen unserer Ehepaare. Die sogenannten Zugriffe waren zeitgleich organisiert worden, um den größtmöglichen Überraschungseffekt zu erzielen. Anrufe, die den nächsten Betroffenen hätten vorwarnen können, galt es zu vermeiden. Ich war mit der Haupteinsatzgruppe zum Haus des Betreibers des Reinigungsunternehmens gefahren, denn dort war die Wahrscheinlichkeit am größten, die gefälschten Dokumente aufzufinden, wegen derer ich ja überhaupt selbst mitgekommen war. Ich hielt mich erst einmal im Hintergrund und ließ die

Kollegen der Polizei ihre Arbeit machen. Im Nachhinein stellte sich das als sehr gute Entscheidung heraus. Sowohl hier als auch an den Wohnungen der Ehepaare begannen die Einsätze ruhig und deutlich gesitteter, als man es aus Spielfilmen kennt. Die Kollegen der Polizei hatten zwar eine Art Rammbock dabei, aber alle Betroffenen öffneten höflich die Tür. Wir grüßten freundlich. Dann überreichten wir Ausfertigungen des Durchsuchungsbeschlusses. Und wir belehrten natürlich. Das ist immer ein bisschen seltsam:

»Guten Tag, wir würden gern eine Durchsuchung vornehmen. Schauen Sie mal hier, das legen wir Ihnen zur Last.«

»Nein, Sie müssen natürlich nichts sagen, Sie müssen sich nicht selbst belasten.«

»Ja, Sie müssen uns jetzt trotzdem hereinlassen.«

»Nein, Sie sollten jetzt bitte nicht weglaufen.«

Letzteres versuchten unsere Inder nämlich postwendend. Alle drei. Sie konnten aber mühelos von den Kollegen der Polizei aufgehalten werden. Auch der Betreiber des Reinigungsunternehmens war mit der Durchsuchung nicht ganz einverstanden. Er versuchte zwar nicht wegzulaufen, hatte sich aber direkt mit den Jungs von der Bereitschaftspolizei anlegen wollen. Mit einem Messer. Er zog es aus seiner Jacke, schneller als ich überhaupt hatte gucken können und sprang in Richtung eines Polizisten. Er kam zum Glück nicht weit. Noch bevor das Messer den Polizisten erreichte, hatte ein anderer Kollege die Gefahr erkannt. »Messer!«, rief er scharf und stieß den Angreifer zur Seite. Der fiel zu Boden und wurde unmittelbar von drei Polizisten fixiert und entwaffnet. Für mich war das Ganze viel zu schnell gegangen. Noch bevor ich überhaupt bemerkt hatte, was den kurzen Tumult an der Eingangstür verursacht hatte, war der Täter gesichert. Im Nachhinein bin ich also sehr dankbar, dass ich weiter hinten stand. Und dass die Kollegen der Polizei beim Zugriff ausdrücklich die Tatwaffe mit »Messer« benannt haben. Stellen Sie sich vor, ich hätte noch ungeschickt nachfragen müssen, was da vorn eigentlich passiert war. Stattdessen konnte ich mich direkt nützlich machen. Für den Betreiber des Reinigungsunternehmens ordnete ich die vorläufige Festnahme an. Für die drei Inder gleich mit.

Nachdem das Chaos etwas gelichtet war, konnten wir endlich mit der Durchsuchung loslegen. Wir fanden die gefälschten Heiratsurkunden unserer Inder in ihren Wohnungen. In dem vermeintlichen Reinigungsunternehmen fanden wir sie auch. Es gab sie wohl in mehrfacher Ausfertigung. Dort fanden wir außerdem Urkunden für zwölf weitere Inder. Wir fanden Mietverträge, Arbeitsverträge und mehrere Ordner mit Personalien polnischer Frauen. Jeweils mit mehreren Bildern. Ganzkörperaufnahmen und Porträts, es sah aus wie im Katalog. Alles, was ich für brauchbar hielt, ließ ich beschlagnahmen. Und das war eine ganze Menge. Die Ordner und Zettel und Computer wurden in Kartons verpackt, verladen und zum Polizeirevier gefahren.

Der letzte Schritt der Durchsuchung ist schließlich die Auswertung der aufgefundenen Beweise. Dabei ist das deutsche Recht dankenswerterweise sehr großzügig. Wir dürfen nicht nur das verwenden, was wir von vornherein gesucht haben. Wir können auch sogenannte Zufallsfunde nutzen. Zumindest wenn sie rechtmäßig erlangt worden sind. Hier konnten wir also nicht nur die gefälschten Heiratsurkunden, sondern auch die zufällig gefundenen Informationen zu den anderen zwölf

Indern samt den Damen aus dem Katalog nutzen. Und das deckte ein ziemlich großes Geschäft für Heiratsschwindel auf. Nicht immer sind die Durchsuchungen ein Volltreffer. Manchmal findet man auch einfach gar nichts. Aber in unserem Fall hatte sich der Aufwand mehr als gelohnt. Der Betreiber des Reinigungsunternehmens verdiente sein Geld nämlich in Wahrheit nicht mit der Reinigung von Böden und Fenstern. Wir haben tatsächlich nicht einen Wischmopp gefunden. Stattdessen vermittelte der Herr gezielt indische Männer an polnische Frauen. Das heißt, im Grunde täuschte er auch das nur vor. Es war eine Art Betrug beim Betrügen. Und der funktionierte wie folgt: Er hatte zunächst einen Kontaktmann in Indien, der potenzielle Herren vor Ort aussuchte. Indischen Junggesellen versprach er ein erfolgreiches Leben im reichen Europa. Mit einem gut bezahlten Job, einer schönen Wohnung und einer hübschen Ehefrau. Die konnte sogar im Katalog ausgesucht werden. Die hübsche Ehefrau würde zudem eine Aufenthaltsberechtigung für Europa möglich machen. Dafür waren die Inder bereit, horrende Summen zu zahlen. Pro Vermittlung ließ unser Unternehmer sich mit knapp zehntausend Euro entlohnen. Das ist in Indien ein kleines Vermögen. Die Herren und ihre Familien glaubten an eine einmalige Chance, kratzten alles Geld zusammen und zahlten. Dafür erhielten sie zunächst eine Heiratsurkunde aus Barbados. Mit dieser gab es dann ein Visum nach Deutschland.

In Deutschland wurden durch den Betreiber des Reinigungsunternehmens dann Mietvertrag und Arbeitsvertrag organisiert. Der Arbeitsvertrag existierte nur auf dem Papier. Unsere indischen Herren hatten nie ein Gebäude gereinigt. Manche verdienten unter der Hand ein wenig Geld als Pizzalieferanten, andere dealten Betäubungsmittel, wieder andere hatten noch etwas Geld von ihren Familien. Auch die Wohnung gab es nur kurzzeitig. War das behördliche Verfahren abgeschlossen, wurden unsere Inder auf die Straße gesetzt und die Wohnung wurde ohne Wissen der Eigentümer anderweitig untervermietet. Doch die größte Enttäuschung für die Herren waren ihre Frauen. Die waren nämlich gar nicht da. Das heißt, eigentlich waren sie für zwei Tage doch da. Nämlich zu den jeweiligen Behördengängen. Danach aber verschwanden sie postwendend. Die polnischen Damen waren nie nach Deutschland gezogen. Sie hatten meist eine eigene Familie in Polen. Für umgerechnet etwa 1.500 Euro waren sie aber bereit gewesen, auf dem Papier mit einem Inder verheiratet zu sein und mit ihren Ehegatten zwei Termine in örtlichen Ausländerbehörden wahrzunehmen. Danach verschwanden sie zurück in ihr Heimatland. Unsere Inder waren allesamt enttäuscht, wenn nicht verzweifelt. Kein gut bezahlter Job, keine Wohnung und ein Heiratsschwindel ohne Frauen. Alle gaben an, nur noch zurück nach Indien zu wollen. Das war aber gar nicht so einfach. Zum einen hatten sie die Ersparnisse ihrer Familien verbraucht und standen nun mit leeren Händen da. Zum anderen mussten sie sich jetzt erst einmal einem Strafverfahren stellen.

Für mich war das Ganze hingegen ein ziemlicher Erfolg gewesen. Zwar hatten mir unsere Funde am Ende doch deutlich mehr Arbeit beschert als ursprünglich geplant, allerdings hatten wir dafür auch deutlich größere Straftaten aufgedeckt als beabsichtigt. Die unmittelbare und persönliche Zusammenarbeit mit der Polizei hatte sich also gelohnt. Und sie hat weitere Vorteile als nur den schnelleren Ermittlungserfolg. Durch Tage wie diese kann ich als Staatsanwältin, als die ich sonst für die Kolleginnen und Kollegen der Polizei eher unantastbar in meinem Elfenbeinturm von Büro sitze, wichtige persönliche Kontakte knüpfen. Kontakte, die gerade in der Anfangszeit, in der noch nicht immer alles nach Plan läuft, überlebenswichtig sein können.

Die Verfahrenseinstellung

… oder warum die Schweinehund-
Theorie auch im Strafrecht gilt

In meinem Referendariat habe ich während der Station im Zivilrecht über mehrere Monate einen Zivilrichter des Landgerichts begleiten dürfen. Er war sehr erfahren, ließ sich nie aus der Ruhe bringen und war den Parteien immer schon einen Schritt voraus. Ich habe viel von ihm gelernt. Unter anderem die sogenannte Schweinehund-Theorie. Und die kann man sogar im Strafrecht ziemlich gut gebrauchen.

An Richter und Richterinnen wird ja grundsätzlich der Anspruch der Unbefangenheit gestellt. Sie sollen über den Dingen stehen, neutral sein und für niemanden Partei ergreifen. Das entspricht aber eigentlich nicht der Natur des Menschen. Auch von den Fällen abgesehen, in denen wir ganz eindeutig wegen einer persönlichen Betroffenheit befangen sind, ergreifen wir unterbewusst oft für oder gegen eine Seite Partei. Mein Zivilrichter meinte, eigentlich wären wir so ziemlich immer irgendwie ein bisschen befangen. In jedem seiner Verfahren würde er die Klageschrift und die Klageerwiderung lesen und automatisch einen von beiden für den Schweinehund halten. Manchmal würde das daran liegen, dass einer von beiden tatsächlich der Schweinehund sei. Manchmal würde es aber auch an unseren eigenen Präferenzen und Gewohnheiten liegen. Ein Richter, der selbst jeden Morgen mit dem Fahrrad zur Arbeit fährt, wird unterbewusst bei einem Unfall zwischen einem Fahrrad- und einem Autofahrer eher Partei für den Fahrradfahrer ergreifen. Mein Zivilrichter war der Auffassung, dass es eigentlich gar nicht schlimm sei, wenn wir ab und an ein wenig befangen wären. Solang wir uns dessen nur immer bewusst seien. Und das bringt uns zur Schweinehund-Theorie. Er verhandelte mit der Prämisse, dass man unabhängig von seinem ersten Schweinehund-Bauchgefühl beim Lesen der Akte in jeder Verhandlung noch einmal neu überprüfen muss, ob der vermeintliche Schweinehund denn wirklich der wahre Schweinehund ist. Diese Theorie habe ich für mich ins Strafrecht mitgenommen. Natürlich halte ich nach dem Lesen der Akte den Täter für gewöhnlich für den Schweinehund. Manchmal ist es aber auch ganz anders, als ich zunächst dachte.

Ein treffendes Beispiel eines Straftäters, der eigentlich nichts falsch gemacht hat, war Ludwig Speer. Ludwig Speer war Schlosser. Er war 48 Jahre alt und in seiner Freizeit leidenschaftlicher Jäger. Er teilte sich ein großes Jagdgebiet mit Hans Rankler. Hans Rankler war Schreiner und 54 Jahre alt. Im Laufe der Jahre hatten Ludwig und Hans ihr Jagdgebiet mit zwölf Jägerhochständen ausgestattet. Das Metall hatte Ludwig besorgt, das Holz kam aus der Schreinerei von Hans. Gebaut und aufgestellt hatten sie die Hochstände gemeinsam. Eines Tages zerstritten sich Hans und Ludwig. Ludwig entschied sich deshalb dafür, ein eigenes Jagdgebiet zu pachten. Sechs der zwölf Hochstände verlud er auf einen Anhänger und verbrachte sie in sein neues Jagdgebiet. Als Hans den Verlust der Hochstände feststellte, erstattete er Anzeige.

Ludwig hatte eigentlich nichts Unrechtes tun wollen. Er war davon ausgegangen, die Hälfte der Hochstände gehöre ihm, also hatte er die Hälfte mitgenommen. Im Detail sah die Rechtslage aber doch ein wenig anders aus. Wenn man zwei Sachen, zum Beispiel Holz und Metall, nimmt und daraus eine dritte Sache macht, dann steht die dritte Sache im gemeinsamen Eigentum derjenigen, denen die Sachen eins und zwei gehört hatten. Man ist ein sogenannter Miteigentümer, das sagt § 947 des

Bürgerlichen Gesetzbuchs. Weil Ludwig das Metall und Hans das Holz gehört hatte, waren sie also zu Miteigentümern der Hochstände geworden. Miteigentum ist anders zu behandeln als Alleineigentum. Während ich mit meinem alleinigen Eigentum im Grunde machen kann, was ich möchte, muss ich bei Miteigentum auch immer die Rechte des anderen Miteigentümers beachten. Als Ludwig die sechs Hochstände mitnahm, hatte er Hans den Zugriff auf sein Miteigentum an diesen sechs Hochständen unmöglich gemacht. Das geht natürlich nicht. Gehört mir eine Sache nicht allein, darf ich sie nicht einfach mitnehmen. Anderenfalls ist das als Diebstahl strafbar. Ludwig hatte sich also eindeutig strafbar gemacht. Trotzdem war Ludwig ja irgendwie nicht der Schweinehund. Er hatte nur keine ganz so fundierten Rechtskenntnisse zu den Eigentumsverhältnissen an gemeinsam gebauten Jägerhochständen. Und er hatte den Hans auch nicht übers Ohr hauen wollen. Er dachte einfach, er könne die gemeinsamen Jägerhochstände so gerecht aufteilen. Das sah dann auch Hans ein. Er wollte seine Anzeige zurückziehen.

»Die Anzeige zurückziehen« ist im deutschen Recht aber gar nicht so einfach. Im Grunde geht das gar nicht. Es gibt einige wenige Ausnahmen, die sogenannten Privatklagedelikte, in denen für die Strafverfolgung ein sogenannter Strafantrag erforderlich ist. Wird der zurückgezogen, wird das Strafverfahren eingestellt. Solche Privatklagedelikte sind, wie der Name ja schon sagt, aber nur dann gegeben, wenn das Ganze wirklich eher Privatsache ist. Eine Streitigkeit unter Nachbarn mit einer kleinen Beleidigung zum Beispiel. Das interessiert uns bei der Staatsanwaltschaft eher wenig, das können die Nachbarn gern unter sich ausmachen. Wenn der Streit also nicht groß öffentlich eskaliert ist, niemand wirklich zu Schaden gekommen ist und sich hinterher alle wieder mögen, gibt es für uns keinen Grund, das Ganze noch zu verfolgen. Bei Hans und Ludwig ging es aber um einen Diebstahl, und ein Diebstahl gehört nicht zu den Privatklagedelikten. Er ist grundsätzlich ein sogenanntes Offizialdelikt. Offizialdelikte müssen wir von Amts wegen verfolgen. Egal, ob Ludwig und Hans das nun immer noch möchten oder nicht. Es gäbe noch einen kleinen Ausweg für den Diebstahl geringwertiger Sachen. Aber wie Sie sich sicher schon denken können, sind sechs Jägerhochstände eher nicht geringwertig. Es half also alles nichts, das Strafverfahren gegen Ludwig musste in irgendeiner Form zu Ende gebracht werden. Was nun aber, wenn der Straftäter doch eigentlich gar nicht der Schweinehund ist? Weil es in diesem Fall vielleicht gar keinen richtigen Schweinehund gibt?

Für solche Fälle hat der Gesetzgeber verschiedene Möglichkeiten der sogenannten Einstellung vorgesehen. Die häufigste Form ist die Einstellung nach § 170 Abs. 2 Strafprozessordnung. Sie kommt zur Anwendung, wenn sich die Straftat nicht nachweisen lässt. Also immer dann, wenn ich nicht genügend Beweise dafür habe, dass der Schweinehund bei seiner Schweinerei einen Straftatbestand verwirklicht hat. Das passte bei Ludwig aber nicht. Schweinehund oder nicht, es hakte hier nicht an der Beweislage. Ludwig hatte die Jägerhochstände widerrechtlich mitgenommen, er hatte sich auf jeden Fall strafbar gemacht. Es war nur irgendwie trotzdem nicht ganz so schlimm. Jedenfalls nicht schlimm genug für eine gerichtliche Verurteilung, fand ich. Aber auch für solche Fälle hat der Gesetzgeber glücklicherweise einen ganz legalen Ausweg vorgesehen. Er hat die Einstellungen nach §§ 153 und 153a Strafprozessordnung geschaffen.

Nach § 153 stelle ich ein Verfahren ein, wenn der Täter sich zwar strafbar gemacht hat, aber seine Schuld als eher gering zu bewerten ist und auch kein öffentliches Interesse an der Strafverfolgung besteht. § 153a gibt mir die Möglichkeit, statt einer Strafe zumindest eine Geld- oder Arbeitsauflage anzuordnen. Ich bin sehr dankbar für diese Möglichkeiten. Sie ermöglichen einfach lebensnahe und der Gerechtigkeit entsprechende Entscheidungen. Denn nicht jeder, der einen Straftatbestand grundsätzlich erfüllt hat, verdient auch die Bestrafung danach. Das Strafverfahren gegen Ludwig Speer habe ich nach § 153 Strafprozessordnung eingestellt. Ludwig und Hans hatten sich schließlich geeinigt und Ludwig war hier wirklich eher geringfügig schuldig. Er war einfach kein Schweinehund. So einfach wie im Fall von Ludwig und Hans ist das aber leider nicht immer. Manchmal ist der Schweinehund schwerer zu entdecken. Und vor allem schwerer zu bestrafen. So war es im Strafverfahren gegen Sophie Schur.

Im Verfahren gegen Sophie Schur sollte Sophie der Schweinehund sein. Sophie war wegen gefährlicher Körperverletzung angeklagt. Der Geschädigte war ihr Ex-Freund Sebastian Stadler. Irgendwie wirkte Sophie aber von Anfang an nicht wie ein richtiger Schweinehund. Sophie war 27 Jahre alt. Sie hatte eine Ausbildung zur Erzieherin gemacht und war bislang nicht vorbestraft. Was ihr zu Last lag, war keine Kleinigkeit. Sie sollte mit einem dreißig Zentimeter langen Tranchiermesser in den Oberarm von Sebastian gestochen und dabei eine Arterie durchtrennt haben. So ein Verhalten ist strafbar als gefährliche Körperverletzung und wirklich kein Kavaliersdelikt. Wir hatten die Ermittlungen aufgrund der Aussage des Notarztes aufgenommen. Der Notarzt hatte den blutenden Sebastian auf dem Boden in Sophies Wohnzimmer vorgefunden und die Polizei gerufen. Sebastian konnte zunächst nicht vernommen werden, er hatte ziemlich viel Blut verloren. Sophie selbst sagte gar nichts zu dem Vorfall. Die junge Frau machte von ihrem Recht zu schweigen Gebrauch.

Die Beweislage wäre eher schlecht gewesen, hätte ich nicht die Aufzeichnungen des Telefondienstes der Rettungsstelle gehabt. Dort hatte Sophie angerufen. Das Protokoll der Aufzeichnung gab das Telefonat wörtlich wieder. Es hatte folgenden Inhalt:

Notdienst: »Hier die Rettungsleitstelle, was kann ich für Sie tun?«
Anruferin: »Ich brauche einen Notarzt. In die Dornstraße vier. Schnell!«
Notdienst: »Langsam, mit wem spreche ich? Was ist denn passiert?«
Anruferin: »Sophie Schur hier. Es geht um meinen Freund, er verblutet!«
Notdienst: »Ich schicke einen Wagen. Was ist denn mit Ihrem Freund?«
Anruferin: »Ich habe ihn mit einem Messer gestochen. Das blutet wie verrückt! Und der klappt mir hier immer wieder weg.«
Notdienst: »Können Sie versuchen, die Blutung abzudrücken?«
Anruferin: »Ja, wie denn?«
Notdienst: »Nehmen Sie ein Handtuch, rollen Sie es fest zusammen und drücken Sie es auf die Wunde.«
Anruferin: »Okay mache ich.«
Notdienst: »Atmet er?«

Anruferin: »Ja. Aber es blutet immer noch, das Handtuch ist schon voll.«
Notdienst: »Wie tief ist denn die Wunde?«
Anruferin: »Keine Ahnung, in den ganzen Arm rein halt. Das quillt da so raus. Der stirbt doch.« (Anruferin weint)
Notdienst: »Hier stirbt niemand. Wo ist die Wunde genau?«
Anruferin: »Ich weiß nicht. Der blutet so.« (unverständlich, Anruferin weint)
Notdienst: »Jetzt nehmen Sie sich mal zusammen. Schauen Sie noch mal. Wo kommt das Blut denn her?«
Anruferin: »Da am Oberarm. Kurz über dem Ellenbogen.«
Notdienst: »Gut. Fassen Sie mal an die Innenseite vom Oberarm. Da sind zwei Muskeln. Die sind so länglich. Merken Sie die?«
Anruferin: »Nein, das kann ich nicht.« (Anruferin weint)
Notdienst: »Doch das geht. Drücken Sie da mal fest. Merken Sie die zwei Muskeln?«
Anruferin: »Ja. Ich glaube.«
Notdienst: »Gut. Da drücken Sie jetzt ganz fest rein. Da geht die Arterie lang. Die drücken Sie jetzt ab.«
Anruferin: »Okay.«
Notdienst: »Und? Blutet es weniger?«
Anruferin: »Ja, ich glaube.«
Notdienst: »Gut. Dann lassen Sie da jetzt nicht los. Sie drücken da jetzt drauf, bis die Kollegen da sind, verstanden?«
Anruferin: »Ja.«

Und Sophie hat auf die Arterie gedrückt. Bis der Rettungswagen eintraf. Sie ließ erst los, als der Notarzt an ihrer Wohnungstür klingelte. Und sie hat so Sebastian wohl das Leben gerettet. Der Notarzt gab an, dass Sebastian ohne Sophies Einsatz wahrscheinlich verblutet wäre. Sebastian wurde ins Krankenhaus gebracht, Sophie wurde von der Polizei vernommen. Aber anstelle einer Aussage machte sie konsequent von ihrem Recht zu schweigen Gebrauch. Sie wollte keine anwaltliche Unterstützung, sie wollte sich nicht verteidigen. Sie sagte einfach nichts. Sebastian erschien gar nicht erst zu seiner Zeugenvernehmung bei der Polizei. Also wurde der Fall zunächst auf Grundlage des Notrufprotokolls angeklagt. Es war ein Beweismittel mit ziemlich eindeutigem Inhalt.

Zur Hauptverhandlung erschien Sophie allein. Eine junge, hübsche, zurückhaltende Frau. Sie war sichtlich verunsichert von der Verhandlung. Sie war wohl noch nie vor Gericht gewesen. Sie hätte wirklich einen Rechtsbeistand gebrauchen können. Schüchtern und allein kauerte sie auf der Anklagebank, den Blick nach unten gerichtet, die Handtasche auf dem Schoß, als wolle sie sich daran festhalten. Ich verlas die Anklage. Die Richterin belehrte Sophie, dass sie nicht aussagen müsse, wenn sie es nicht wolle. Sophie weinte. Sie sagte, sie wisse nicht, was sie machen solle. Die Richterin sagte noch einmal, dass sie sich nicht selbst belasten müsse. Sie könne sich ja auch später noch überlegen, ob sie etwas sagen wolle. Damit war Sophie einverstanden. Sie sagte erst einmal nichts.

Sebastian war als Zeuge geladen. Er erschien in einer groß bedruckten Jogginghose, einem zu langen Pullover und einem Basecap. Aus seinem Pullover heraus den Hals nach oben ragte eine Tätowierung, er roch nach Rauch. Er schien so gar nicht zu der schüchternen Sophie zu passen. Sophie sah wieder nach unten, als er den Saal betrat. Die Richterin belehrte auch Sebastian. Er sei vor Gericht zur Wahrheit verpflichtet. Wenn er die Unwahrheit sage, mache er sich strafbar. Ob er das verstanden habe? Ja, das hatte Sebastian. Ob er denn etwas zum Geschehen am Tattag sagen könnte? Und dann erzählte Sebastian uns eine etwas verwirrende Geschichte. Er sei damals noch mit der Sophie zusammen gewesen, fing er an. Jetzt aber nicht mehr, sie hätten sich getrennt. Sie hätten immer viel Streit gehabt. Damals auch. Er wüsste noch, sie wären im Wohnzimmer gewesen und hätten gestritten. Ja, und dann sei da der Unfall gewesen und dann hätte das Messer in seinem Arm gesteckt. Aber mehr könne er eigentlich auch nicht sagen. Also wie das Messer dahin gekommen sei. Es sei eben ein Unfall gewesen. Die Richterin versuchte es noch mal und fragte, was denn da genau passiert sei. Genauer wollte Sebastian aber wohl nicht werden. Er erzählte das Gleiche von vorn. Also hakte ich noch einmal nach.

»Was war denn das genau für ein Unfall mit dem Messer, Herr Stadler?«, fragte ich.

»Ja, das weiß ich jetzt auch nicht mehr so genau. Aber ich weiß definitiv, dass es ein Unfall war.«

Sebastian wand sich. Er wollte offensichtlich lieber nichts mehr dazu sagen. Aber das ging natürlich nicht. Wenn man nicht gerade ein Aussageverweigerungsrecht hat, ist man vor Gericht verpflichtet, umfassend und vollständig auszusagen. Rosinen heraussuchen und nur dazu aussagen, wozu man mag, gibt es hier nicht. Also bohrte ich weiter nach.

»Wenn Sie nicht mehr genau wissen, was da war, woher wissen Sie denn dann, dass es ein Unfall war?«

Sebastian stutzte kurz: »Na ja, ich kann mich eben nur daran erinnern, dass wir gestritten haben. Und dann, dass ich auf einmal das Messer im Arm hatte. Dazwischen habe ich Blackout.«

Jetzt stutzte ich. Das klang, gelinde gesagt, etwas unglaubwürdig.

»Können Sie sich diesen partiellen Blackout denn irgendwie erklären?«, fragte ich und versuchte, mir den ironischen Unterton zu verkneifen.

»Na ja, vielleicht partielle Amnesie?«, versuchte er es.

»Partielle Amnesie? Woher soll die denn kommen?« Das mit dem Verkneifen des ironischen Untertons wurde schwieriger.

Sebastian setzte noch einen drauf: »Ja, ja genau! Ich hatte doch den Fahrradunfall. Und da bin ich auf den Kopf gefallen. Und von da hab ich bestimmt partielle Amnesie.«

»Ein Fahrradunfall? Wann war denn der Fahrradunfall?«, hakte ich nach und hatte Mühe, meine Stimme ruhig zu halten.

»Im September irgendwann«, sagte Sebastian gedehnt.

»Herr Stadler, der Vorfall in Ihrer Wohnung war im Juni. Sie wollen mir ernsthaft erklären, dass ein Fahrradunfall im September bei Ihnen eine partielle Amnesie für einen Zeitraum weniger Minuten im Juni ausgelöst hat?!« Jetzt war ich wirklich wütend. Unterton egal.

»Ja!«, beteuerte Sebastian.

Ich möchte an dieser Stelle anmerken, dass all meiner Ausführungen zu den Irrtümern und Erinnerungsfehlern von Zeuginnen und Zeugen zum Trotz manche Menschen auch einfach mit voller Absicht lügen. Wenn ich handfeste Anhaltspunkte dafür habe, dass jemand im Zeugenstand absichtlich Märchen erzählt, leite ich nach der Verhandlung ein Strafverfahren wegen uneidlicher Falschaussage ein. Die uneidliche Falschaussage wird nach § 153 Strafgesetzbuch mit einer Freiheitsstrafe von drei Monaten bis zu fünf Jahren bestraft. Also lügen Sie besser nicht vor Gericht. Zumindest nicht so schlecht wie Sebastian.

Auch Sebastian habe ich die rechtlichen Folgen einer Falschaussage noch einmal eindringlich vor Augen geführt. Aber er ließ sich von seiner wundersamen Geschichte nicht abbringen. Das Messer war auf rätselhafte Weise in seinen Arm geschwebt, er hatte partielle Amnesie. Man könnte platzen vor Ärger, aber man kann es manchmal einfach nicht ändern. Sebastian durfte erst einmal nach Hause gehen. Zur Einschätzung dazu, ob die schüchterne Sophie nun tatsächlich ein männerabstechender Schweinehund war, trug die Aussage von Sebastian so jedenfalls nicht bei. Wir waren nach seiner Aussage nicht schlauer als zuvor. Die Beweise sagten, Sophie sei schuldig. Aber meinem Bauchgefühl zufolge stank die Sache zum Himmel. Fachlich und sachlich half das aber nun mal einfach nicht weiter. Also setzten wir die Beweisaufnahme fort. Die Richterin verlas das Notrufprotokoll. Das kennen wir ja schon. Wir vernahmen den Notarzt, der als Erster in der Wohnung von Sebastian und Sophie eingetroffen war, als Zeugen. Aber auch der Notarzt konnte uns wenig helfen, Sophie hatte nur hysterisch geweint, als er angekommen war. Ob aus Reue für ihre Tat, aus Sorge um Sebastian oder einfach nur wegen des Schocks aufgrund des vielen Blutes, das sie hatte bekämpfen müssen, ließ sich nicht sagen. Es war zum Verrücktwerden.

Doch dann plötzlich, kurz vor Ende der Verhandlung, entschloss sich Sophie schließlich doch zu einer eigenen Aussage. Und die Geschichte nahm eine seltsame Wendung. Ja, sie habe den Sebastian mit dem Messer gestochen. Das sei auch kein Unfall gewesen. Sie habe das Tranchiermesser genommen. Das größte aus dem Messerblock in der Küche. Aber sie habe nicht gewollt, dass er verblutet. Sie habe ihn ja eigentlich gar nicht stechen wollen. Die ganze Beziehung sei so verkorkst gewesen. Sie sei anfangs so verliebt in den Sebastian gewesen. Er war erst ihr zweiter fester Freund. Aber der Sebastian sei immer wieder aggressiv geworden. Immer hätten sie gestritten. Und dann habe er sie angeschrien. Und geschubst und gewürgt und geschlagen. Deshalb hätten sie sich am Ende auch getrennt. An dem Abend hätten sie auch wieder gestritten. Sebastian sei wieder ausgerastet. Sie könne gar nicht mehr sagen, warum. Er habe ihr ins Gesicht geschlagen. Dann habe er sie auf die Couch im Wohnzimmer gestoßen und gewürgt. Sie habe keine Luft mehr bekommen. Irgendwann habe er losgelassen. Da sei sie in die Küche gerannt, habe das Tranchiermesser aus dem Messerblock gezogen und es ihm in den Arm gestochen. Sie habe gar nicht gewusst, was sie da mache. Aber sie habe ihm doch nicht so wehtun wollen. Sie habe da doch gar nicht nachgedacht. Und auf keinen Fall habe sie gewollt, dass er verblutet.

Sophie tat mir leid. Sie war hier nicht der Schweinehund. Sie war unfassbar schockiert von ihrer eigenen Reaktion. Unmittelbar nach dem Zustechen hatte sie sich rührend um ihren angriffslustigen Ex-Freund gekümmert. Sie hatte ihm das Leben gerettet. Trotzdem war sie die Angeklagte. Sie hatte sich natürlich strafbar gemacht. Wer einen anderen Menschen körperlich misshandelt oder an der Gesundheit schädigt, macht sich der Körperverletzung schuldig. Wer dabei ein gefährliches Werkzeug benutzt, und das ist ein Tranchiermesser von dreißig Zentimetern zweifellos, verwirklicht sogar eine gefährliche Körperverletzung. Auch über die Notwehr konnte ich die Strafbarkeit von Sophie nicht ausschließen. Nach § 32 Strafgesetzbuch handelt nicht rechtswidrig, wer eine Tat begeht, die durch Notwehr geboten war. Sophies Tat war aber nicht durch Notwehr geboten. Notwehr ist nur die Verteidigung, die geboten ist, um einen gegenwärtigen rechtswidrigen Angriff abzuwehren. Sebastian hatte Sophie mit den Schlägen und dem Würgegriff zwar angegriffen, aber als Sophie mit dem Messer auf Sebastian einstach, war der Angriff schon abgeschlossen. Er war nicht mehr gegenwärtig. Sebastian hatte bereits aufgehört, Sophie zu würgen. Er war im Wohnzimmer geblieben, als sie in die Küche zu dem Messerblock rannte. Sie hätte in diesem Moment auch einfach die Wohnung verlassen und gehen können. Sie musste sich nicht mehr verteidigen. Ihre Entscheidung, das Messer zu nehmen, zurück ins Wohnzimmer zu gehen und auf Sebastian einzustechen, war nicht mehr von Notwehr gedeckt.

Aber was sollten wir nun mit Sophie machen? Hätte Sophie das Messer schon im Wohnzimmer dabeigehabt, hätte sie sich nicht strafbar gemacht. Ich fand, Sophie sei eigentlich geschädigt genug. Sie hatte zuvor über einen langen Zeitraum unter Sebastian gelitten. Sie war tatsächlich noch immer in psychotherapeutischer Behandlung, um ihre Beziehung zu ihm zu verarbeiten. Von dem Stich mit dem Messer einmal abgesehen, hatte sie sich noch nie etwas zuschulden kommen lassen. Sie führte ein geregeltes Leben. Es war nicht davon auszugehen, dass von ihr noch einmal eine Gefahr ausgehen würde. Und die gefährliche Körperverletzung ist mit einer Mindestfreiheitsstrafe von sechs Monaten zu bestrafen. Selbst bei einer Strafaussetzung zur Bewährung würde das eine ungünstige Eintragung im Führungszeugnis geben. Ein gutes Gefühl hätte ich damit auch nicht gehabt. Ich meine, hätten Sie Sophie wirklich zu einer Freiheitsstrafe verurteilt?

Die Richterin und ich zogen uns zu einem Rechtsgespräch zurück. Eine so gravierende Straftat wie eine gefährliche Körperverletzung nicht mit einer Verurteilung enden zu lassen, ist unüblich. Trotzdem entschieden wir uns in diesem Fall für eine Einstellung. Wir gingen davon aus, dass die Vorgeschichte, die zu der Tat führte, aber auch Sophies Verhalten nach der Tat stark zu ihren Gunsten zu werten waren. So entschieden wir uns für eine Einstellung nach § 153a Strafprozessordnung. Das hieß, Sophie musste Auflagen ableisten. Sowohl gemeinnützige Arbeitsstunden als auch Zahlungen. Als Begünstigten wählten wir einen gemeinnützigen Verein, der sich gegen häusliche Gewalt engagiert. Das war irgendwie passend, fand ich. Und auch wenn das Ergebnis ungewöhnlich war, hatte ich so doch ein besseres Gefühl. Irgendwie hatte jeder seine Strafe bekommen. Sophie hatte durch die Tat und den Anblick des blutenden Sebastian den Schreck ihres Lebens davongetragen. Auch ohne das Gerichtsverfahren und unsere Auflagen würde sie wahrscheinlich nie wieder auch nur ein Zwiebelmesser gegen einen anderen Menschen erheben. Der gemeinnützige Verein konnte sich über ein paar Zuwendungen freuen, die wiederum anderen Frauen in Sophies Lage nützen würden. Und Sebastian? Der hatte eine unschöne Narbe am Oberarm, die ihn wohl zeitlebens daran erinnern wird, dass Frauen sich auch wehren können. Und ein Strafverfahren habe ich gegen ihn natürlich auch eingeleitet.

Der Bereitschaftsdienst

… oder wie man jemanden mit
einem Axtbeil erschießt

Eine absolut unliebsame, wenn nicht gefürchtete Last aller Bediensteten der Staatsanwaltschaften und Gerichte ist der Bereitschaftsdienst. Bereitschaftsdienst bedeutet, nach Dienstschluss oder am Wochenende für die Kolleginnen und Kollegen der Polizei ansprechbar zu sein und sie mit all den Beschlüssen und Anordnungen zu versorgen, die sie des Nachts unter Umständen benötigen. Oder eben auch nicht, je nachdem, wie man die Rechtslage einschätzt. Dabei sind zwei Staatsanwältinnen oder Staatsanwälte Ansprechpartner für einen ganzen Landgerichtsbezirk, einer für das Großstadtgebiet, einer für das Umland. Das ist anstrengend. Und aufregend. Und besonders am Anfang wirklich auch ein bisschen gruselig.

Der Bereitschaftsdienst ereilt Richterinnen und Richter nur etwa alle zwei Jahre, mich als Staatsanwältin aber alle paar Monate. Die Organisation ist in den einzelnen Bundesländern sehr unterschiedlich. Bei uns ist der staatsanwaltschaftliche Bereitschaftsdienst von 16 Uhr nachmittags bis acht Uhr morgens erreichbar, am Wochenende natürlich auch während des Tages. Der richterliche Bereitschaftsdienst ist nur bis 21 Uhr vorgesehen. Solang der Bereitschaftsrichter noch erreichbar ist, kann ich also um Erlass der entsprechenden Beschlüsse durch den Richter bitten. Geht der dann ab 21 Uhr schlafen, muss ich allein entscheiden. Warum unseren Richterinnen und Richtern im Gegensatz zur Staatsanwaltschaft der Verzicht auf den Nachtschlaf nicht zugemutet werden kann, kann ich auch nicht so ganz nachvollziehen. Aber sei es drum, der schlafende Richter ist meistens das kleinste Problem.

Das viel größere Problem ist ja der Umstand, dass man vorher nie weiß, was alles passiert. Nahezu jede strafprozessuale Situation ist denkbar. Es können Beschlüsse erforderlich werden, die man noch nie selbst geschrieben hat, ja, von deren Existenz man zuvor noch nicht einmal gehört hat. Die Entscheidung muss ich innerhalb weniger Minuten am Telefon treffen. Ist sie falsch, muss ich dafür den Kopf hinhalten. Ich hatte Bereitschaftsdienste, bei denen in der ganzen Nacht nur zweimal das Telefon klingelte. Zwei kleine Blutentnahmen für eine Untersuchung der Blutalkoholkonzentration wegen Trunkenheit im Verkehr, das war alles. Keine großen Herausforderungen, nicht mal nachts um drei. In solchen Nächten schlafe ich zwar auch nicht wirklich ruhig, aber immerhin habe ich überhaupt die Chance, ins Bett zu kommen. Ich habe das Bereitschaftstelefon auf dem Nachttisch liegen. Bei einem Anruf stehe ich auf, drücke den grünen Hörer und flitze fix ins Arbeitszimmer an den Schreibtisch. Dort wartet mein kleines Notizbuch, in dem ich schnell notiere, worum es geht. Für kleine Anfragen wie die Untersuchung der Blutalkoholkonzentration muss ich den Laptop nicht einmal aufklappen. Die Entscheidung ergeht telefonisch, ich gehe wieder ins Bett und versuche weiterzuschlafen. Aber ich habe auch schon ganze Nächte durchgearbeitet. Dann klingelt das Telefon beständig und es lohnt einfach gar nicht erst, ins Bett zu gehen. Jeder Anruf versetzt mir einen kurzen Adrenalinstoß, weil ich nicht weiß, ob ich mir nicht doch gleich eine Jeans und eine Jacke schnappen und zu einem Tatort oder einem Polizeirevier fahren muss. Oder ob mich eine Anfrage trifft, die ich fachlich nicht ohne Weiteres beantworten kann. Das schlaucht. Am nächsten Morgen muss ich übrigens trotzdem ins Büro. Ich will mich nicht beschweren, ich bin ja wirklich gern Staatsanwältin und eigentlich mag ich auch den Bereitschaftsdienst. Aber ich fände einen kleinen Freizeitausgleich nicht schlecht. So ein freier Tag nach einer durchgearbeiteten

Nacht wäre doch irgendwie nett. Und auch deutlich konformer mit dem Arbeitszeitgesetz. Wenn es schon keine gesonderte Vergütung gibt. Trotzdem hat der Bereitschaftsdienst sein Gutes. Wenn man die erste Panik überwunden hat, ist es wieder ein bisschen wie mit der Durchsuchung. Noch näher dabei sein kann man einfach nicht.

Nachdem ich in den ersten Bereitschaftsdiensten noch ziemlich sicher war, vor Aufregung sterben zu müssen, hatte ich mich irgendwann aber doch daran gewöhnt. Ich hatte eine ganz gute Routine entwickelt. Ich hatte Musterbeschlüsse für die häufigsten Ermittlungsanordnungen samt ihren Voraussetzungen gesammelt. Ich hatte die privaten Handynummern mehrerer Kolleginnen und Kollegen für fachliche Fragen in bestimmten Spezialgebieten. Auch wenn ich es natürlich nicht unbedingt darauf anlegen möchte, jemanden nachts um vier aus dem Schlaf zu reißen, ist es doch beruhigend, einen Notfall-Joker zur Hand zu haben. Ich hatte mein kleines Notizbuch, in dem ich bei jedem Anruf notierte, was wer getan hatte und was ich angeordnet hatte. So konnte ich später noch meine Entscheidungen nachvollziehen und falls nötig Rede und Antwort stehen. Ich konnte zwischen den Anrufen halbwegs schlafen. Und ich hatte eine gute Kaffeemaschine. Am nächsten Morgen im Büro sortierte ich in Ruhe die Ereignisse der letzten Nacht. Es lief so weit ganz gut. Doch dann kam ein Wochenende, das mich wirklich an die Grenzen meiner Fähigkeiten brachte.

An diesem besagten Wochenende hatte ich Bereitschaft für den Großstadtbezirk, eine Kollegin sollte das Umland übernehmen. Das Chaos begann jedoch schon damit, dass die Kollegin offenbar gravierende Probleme mit dem Bereitschaftstelefon hatte.

Oder sie wollte einfach keine Anrufe entgegennehmen. Ich weiß es nicht. Jedenfalls bekam ich nicht nur Anrufe aus dem Stadtgebiet, sondern es kamen auch so ziemlich alle anderen Anfragen bei mir an, die laut der Aufteilung meine Kollegin hätte übernehmen sollen. Das hätte im Grunde zunächst nur zu einer Verdopplung der Anrufe geführt. Lästig, anstrengend, aber machbar. Meine nicht erreichbare Kollegin war an diesem Wochenende aber nur eines von mehreren Problemen, die mich auf eine harte Probe stellen würden. Weit ungünstiger war der Umstand, dass die Bereitschaftsrichterin, die theoretisch zumindest während des Tages über meine Anträge hätte entscheiden und mir damit eine Hilfe sein sollen, noch nie im Strafrecht tätig gewesen war. Sie war Zivilrichterin am Landgericht. Sie hatte noch nie Bereitschaftsdienst gehabt und vertraute deshalb völlig auf meine »Expertise«. Das teilte sie mir zumindest in unserem ersten Telefonat mit. Das hieß also, sie würde alles unterzeichnen, was ich beantragen würde. Auch, wenn es falsch wäre. Sie würde mich fachlich in keiner Weise unterstützen können. Auch damit hätte ich wohl noch umgehen können. Aber das war natürlich immer noch nicht alles.

Der dritte und gravierendste Faktor des Chaos an diesem Wochenende war eine Schießerei unmittelbar zu Beginn meiner Bereitschaft. In der Nacht von Freitag auf Samstag wurde vor einer bekannten Diskothek auf offener Straße ein Mann mit drei Kugeln in die Brust niedergeschossen.

Nun ist eine Schießerei per se nichts Dramatisches. Also für den Getroffenen natürlich schon. Der ist ja unter Umständen tot. Nicht aber für die Bereitschaftsstaatsanwältin. Vorsätzliche Tötungsdelikte werden nämlich ausschließlich von der Abteilung I bearbeitet. Die Kolleginnen und Kollegen dort sind spezialisiert auf Kapitalverbrechen. Und so kann man im Falle eines Todes schlicht den Leiter der Abteilung I anrufen. Der übernimmt dann den Fall. Das ist ein unglaublich beruhigender Umstand. Mein Problem war jedoch, dass mein Opfer trotz der drei Schüsse in den Thorax einfach nicht gestorben war. Vielmehr hatte man ihn in die Uniklinik verbracht und notoperiert. Ich habe Herrn Dr. Horn, den Leiter der Abteilung I, trotzdem angerufen. Herr Dr. Horn war aber gar nicht in der Stadt. Wegen der Hochzeit seiner Nichte war er über das Wochenende verreist. Und Herr Dr. Horn war nicht gewillt, die Familienfeier vorzeitig zu beenden. Zumindest nicht ohne ein wirklich totes Opfer.

»Sie schaffen das schon«, sagte er zuversichtlich, »und falls das Opfer stirbt, können Sie sich gern noch einmal melden.«

Doch der Angeschossene starb nicht. Leider. Natürlich nicht für ihn, sondern für mich. Ich gönne ihm sein Leben wirklich. Aber meins wurde an diesem Wochenende ganz schön auf den Kopf gestellt. Die Schießerei beschäftigte mich das ganze Wochenende. Also vielmehr die Suche nach dem Verursacher des Elends, dem Täter. Nebenbei versuchte ich, all die großen und kleinen Vorfälle zu managen, die sich im Großstadtbezirk und im kompletten Umland sonst so ereigneten. Von im Vollrausch überfahrenen Zelten auf einem Musikfestival zu mit Waffen bedrohten Lokalpolitikern passierten so viele skurrile Dinge auf einmal, dass ich gar nicht dazu kam, Luft zu holen. Ich pendelte das ganze Wochenende zwischen der Kripo, dem Gericht, meinem Büro und meiner Wohnung hin und her. Ich telefonierte beim Fahren, ich schrieb Beschlüsse am Laptop auf Parkplätzen. Ich aß und schlief wenig. Meine Kaffeemaschine war im Dauereinsatz. In meiner Küche stapelten sich halb volle Kaffeetassen, weil ich regelmäßig nicht einmal dazu kam, den gerade aufgebrühten Kaffee auszutrinken. Es war chaotisch. Und trotzdem unglaublich spannend. Während dieses Wochenendes wollte ich einfach nur, dass endlich Montag und damit alles vorbei wäre. Im Nachhinein waren es drei der spannendsten Arbeitstage meiner Laufbahn. Näher am Tatort als im Bereitschaftsdienst kann man einfach nicht sein. Aber sehen Sie doch einfach selbst und werfen Sie einen Blick in mein Notizbuch. Ich habe dieses verrückte Wochenende für Sie herausgesucht:

Freitag, 08.06.20**, 20:59 Uhr, Anruf
Tatverdächtiger: Tobias Lindemann, geb. 17.11.1985
Tatverdacht: Bedrohung, unerlaubter Waffenbesitz, §§ 241 StGB, 52 WaffG
TV bedroht Mitglied des Stadtrats mit Waffe, Ehefrau des Geschädigten ist Zeugin
TV hat keine Berechtigung zum Waffenbesitz
Anordnung: Durchsuchung der Wohnung nach Waffe, § 102 StPO

Freitag, 08.06.20**, 21:53 Uhr, Anruf
Tatverdächtige: Patrick Degenhardt, geb. 01.08.1991, Tim Herold, geb. 13.12.1996, Luisa Sperling, geb. 09.09.1995
Tatverdacht: unerlaubter Besitz von Betäubungsmitteln, evtl. Anbau, § 29 BtMG
TV leben in WG, Nachbar wollte sich über Lautstärke der Musik beschweren, hat an der Tür mehrere Personen in offenbar stark berauschtem Zustand gesehen, starker Geruch

nach Marihuana, vernünftige Gespräche nicht möglich, daher Anruf bei Polizei
hat bereits zuvor mehrfach ähnliche Feststellungen gemacht, von seinem Balkon aus sind mehrere Pflanzen bei den TVs sichtbar, möglicherweise Marihuana
Anordnung: Durchsuchung der Wohnung nach BtM, § 102 StPO

Freitag, 08.06.20**, 22:34 Uhr, Anruf
Tatverdächtiger: Tom Engler, geb. 28.02.1990
Tatverdacht: Trunkenheit im Verkehr, § 316 StGB
Fahrzeug mit amtlichem Kennzeichen ****
fällt im Verkehr auf, da an drei Kreuzungen in Folge kein Blinker gesetzt wird, daher Verkehrskontrolle
auffälliger Geruch nach Alkohol, Sprachprobleme, schwankender Gang beim Aussteigen
nach eigenen Angaben keinen Alkohol getrunken, Atemalkoholtest verweigert
Anordnung: Blutentnahme nach § 81a StPO

Samstag, 09.06.20**, 01:35 Uhr, Anruf
Tatverdächtiger: unbekannt
Tatverdacht: Mord, ggf. versuchter Mord § 211 StGB
unbekannter TV gibt vor Diskothek drei Schüsse auf den Geschädigten Pawel Maschkow

ab, Geschädigter derzeit in Uniklinik, Überlebenswahrscheinlichkeit unklar, TV geflüchtet, keine weiteren Verletzten
vier Zeugen vor Diskothek, Identität des TV für niemanden bekannt, eine Aussage zu Flucht des TV in einem weißen Pkw Kombi, amtliches Kennzeichen nicht bekannt
in Eingangsbereich der Diskothek Videoüberwachung, Betreiber kooperiert nicht
Anordnung: Durchsuchung der Diskothek und Beschlagnahme der Videoaufzeichnungen, §§ 94, 98, 103 StPO; Funkzellenabfrage, § 100g Abs. 3 StPO,

Samstag, 09.06.20**, 02:04 Uhr, Anruf
Tatverdächtige: Sarah Schanz, geb. 12.01.1964
Tatverdacht: Gefährdung des Straßenverkehrs, § 315c StGB
TV kollidiert mit Fahrzeug, amtliches Kennzeichen ****, mit zwei weiteren am Straßenrand parkenden Fahrzeugen und kommt dann in einem Gartenzaun zum Stehen
TV hat nach eigenen Angaben Alkohol getrunken, freiwilliger Atemalkoholtest mit Atemalkoholkonzentration von 0,8 mg/l (das entspricht etwa 1,6 Promille)
Anordnung: Blutentnahme nach § 81a StPO

An dieser Stelle möchte ich noch eine kleine rechtliche Anmerkung einfügen: Blutentnahmen zur Bestimmung der

Blutalkoholkonzentration waren bis zu einer Gesetzesänderung im August 2017 noch Alltagsgeschäft im Bereitschaftsdienst. Wenn der Tatverdächtige nicht pusten wollte, wurden sie angeordnet, um die Alkoholisierung per se nachzuweisen. Wenn jemand gepustet hatte, wurde das Ergebnis verifiziert, der Tatverdächtige ggf. entlastet. Die Blutalkoholkonzentration fällt gern mal etwas niedriger aus als der Atemalkoholgehalt. Und natürlich müssen zugunsten von Tatverdächtigen regelmäßig auch Anhaltspunkte für Einschränkungen der Schuldfähigkeit ermittelt werden. Mittlerweile müssen die Kolleginnen und Kollegen der Polizei nicht mehr vor jeder Blutentnahme die Staatsanwaltschaft beziehungsweise den Richter fragen. Dank einer kleinen Änderung des § 81a Strafprozessordnung darf die Polizei die Blutentnahme jetzt in den meisten Fällen selbst anordnen.

Samstag, 09.06.20**, 05:30 Uhr, Anruf
Tatverdächtiger: unbekannt
Tatverdacht: Mord, ggf. versuchter Mord, § 211 StGB, siehe oben
zwischenzeitlich Auswertung der Aufzeichnungen der Überwachungskamera erfolgt, weitere Zeugenvernehmungen
Identität noch immer unklar, aber ausführliche Personenbeschreibung des TV und eines weiteren Mannes
vermeintliches Fluchtfahrzeug hat amtliches Kennzeichen ****, weitere Ermittlungen ergaben, dass es sich um einen Mietwagen der Firma **** handelt, Firma kann Daten

nicht ohne staatsanwaltschaftliche oder richterliche Anordnung herausgeben
Anordnung: Durchsuchung der Büroräume und Beschlagnahme der Vertragsunterlagen zum Mietvertrag des Fahrzeugs am 09.03.20**, §§ 94, 98, 103 StPO

Samstag, 09.06.20**, 07:00 Uhr, Besprechung Kripo
Tatverdächtiger: unbekannt
Tatverdacht: Mord, ggf. versuchter Mord, § 211 StGB, siehe oben
Mietvertrag für Fluchtfahrzeug wurde durch Herrn Ronald Gründling, geb. 22.03.1964, abgeschlossen, Vergleich der Lichtbilder des Personalausweises und der Aufzeichnungen der Überwachungskamera der Diskothek zeigt keine Übereinstimmung
Vernehmung Gründling erfolgt
Herr Gründling will Fahrzeug an Herrn Shariati und eine weitere Person namens Ali verliehen haben, die hätten etwas für ihn »abholen« sollen, weitere Personalien und Aufenthaltsort nicht bekannt, aber Handynummer Shariati
Ermittlung des Anschlussinhabers und des Aufenthaltsorts des Telefons notwendig
Anordnung: Bestandsdatenauskunft des Telekommunikationsdienstes, § 100j Abs. 1 StPO, Erhebung von Verkehrsdaten (Standortdaten in Echtzeit), § 100g Abs. 1 StPO

Samstag, 09.06.20**, 11:30, Besprechung Kripo
Tatverdächtiger: unbekannt
Tatverdacht: Mord, ggf. versuchter Mord, § 211 StGB, siehe oben
Personalien Shariati zwischenzeitlich ermittelt, Abgleich mit Lichtbildern aus Diskothek: Begleitperson des Schützen und Führer des Fluchtfahrzeugs
Wohnort bekannt, ersichtlich niemand zu Hause, Durchsuchung soll noch nicht erfolgen, falls TV zurückkehrt, Observation geplant, Observation wird länger als 24 Stunden andauern, daher Genehmigung notwendig
Standortdaten ergeben, dass Shariati mittlerweile in Tschechien ist, Rechtshilfeersuchen notwendig
Anordnung: Rechtshilfeersuchen für Erhebung von Verkehrsdaten in Tschechien, 100g Abs. 1 StPO, längerfristige Observation für Wohnung, § 163f StPO

Ich möchte hier anmerken, wie unfassbar beeindruckend diese Besprechungen in der Kripo für mich waren. Es war wirklich wie in einer Filmkulisse. Wir standen vor großen Tafeln, an denen Lichtbilder der bislang bekannten Tatverdächtigen und Zeugen angepinnt waren. Namen und Fakten waren in Stichpunkten unter den Bildern skizziert. Zum Teil waren sie markiert, manchmal schon wieder durchgestrichen. Mit rotem Filzstift natürlich. Wie in jedem guten Fernsehkrimi. Nur mit dem entscheidenden Unterschied, dass die

Kolleginnen und Kollegen von der Kripo tatsächlich wussten, was sie da taten. Sie wirkten sehr erfahren und technisch versiert. Ich war das zum damaligen Zeitpunkt leider noch gar nicht. Das war aber gar nicht schlimm. Die Kolleginnen und Kollegen von der Kripo brauchten in dieser Hinsicht weiß Gott keine Beratung. In rechtlicher Hinsicht allerdings schon. Und so besprachen wir in mehreren Meetings den Stand der Ermittlungen, die weiteren Schritte und die rechtlichen Voraussetzungen. Ich habe Anträge und Beschlüsse geschrieben, die ich zuvor noch nicht einmal gesehen hatte. Ich meine, wann erhebt man schon mal Standortdaten in Echtzeit? In Tschechien? Und ich hatte dazu denkbar wenig Zeit. Jeder neue Beschluss wurde so schnell wie möglich benötigt. Also in Windeseile recherchieren, tippen, die schon ermittelten Inhalte der Polizei einfügen. Dann ausdrucken und ab zum Gericht. Die Kollegin dort war noch aufgeregter als ich. Ich besprach alle Beschlüsse sehr detailliert mit ihr, damit sie wusste, was sie da überhaupt unterzeichnen sollte.

Eine weitere Herausforderung war der Umgang mit der Presse. Ich bin bis heute schockiert von der Geschwindigkeit der Berichterstattung, aber auch von der zumindest teilweise unfassbar schlechten Qualität. Wir versuchten natürlich zum Schutz der Ermittlungen so wenig Informationen wie möglich herauszugeben. Bei einer Schießerei mitten im Partyviertel einer Großstadt ist das aber nicht so einfach. Der Vorfall hatte sofort Aufsehen erregt. Mitten auf der Straße vor einer bekannten Diskothek hatte es viele echte Zeugen und vermeintliche Zeugen gegeben. Im Stundentakt tauchten neue Gerüchte auf. Verschwommene

Handyvideos verbreiteten sich wie Lauffeuer im Internet. Falschinformationen gingen viral. Und mit jeder neuen Falschinformation meldeten sich drei neue Zeugen mit einer weiteren Variante. In mehreren Zeitungen wurde ausführlich zu einem blutigen Axtbeil berichtet, das wir angeblich als Tatwaffe in der Nähe des Tatorts sichergestellt hatten. Diese Information hielt sich stabil über das ganze Wochenende. Und sie war frei erfunden. Sie ergab noch nicht einmal Sinn. Wie man jemanden mit einem Axtbeil erschießen soll, ist mir bis heute unklar. Aber befassen wir uns zunächst nicht weiter mit den Spekulationen der Presse, schauen wir lieber noch einmal in mein Notizbuch:

Samstag, 09.06.20**, 12:19 Uhr, Anruf
Tatverdächtiger: David Kächter, geb. 14.09.1989
Tatverdacht: sexuelle Nötigung
Anzeige durch Lebenspartnerin, behauptet am Vorabend durch TV geschlagen, gewürgt und zum Beischlaf gezwungen worden zu sein, Geschädigte gibt an, sich gewehrt zu haben
Tatverdächtiger bestreitet, verweigert körperliche Untersuchung (DNA/Abwehrspuren)
Anordnung: körperliche Untersuchung, § 81a StPO

Samstag, 09.06.20**, 15:37 Uhr, Aktenübergabe
Tatverdächtiger: Jakob Ulbrich, geb. 19.05.1987

Tatverdacht: gewerbsmäßiger Diebstahl,
§§ 242, 243 StGB
TV hat am heutigen Tage in vier Geschäften des Hauptbahnhofs Wertgegenstände gestohlen bzw. versucht zu stehlen
mehrfach einschlägig vorbestraft, laufende Bewährung
kein fester Wohnsitz, ggf. Wiederholungs- und Fluchtgefahr
Anordnung: Untersuchungshaft

Samstag, 09.06.20**, 23:09 Uhr, Anruf
Tatverdächtiger: unbekannt
Tatverdacht: Mord, ggf. versuchter Mord,
§ 211 StGB, siehe oben
Standortbestimmung Mobiltelefon nicht mehr möglich, zuletzt 12:16 Uhr in Tschechien
Fluchtfahrzeug nahe der oberservierten Wohnung festgestellt, zwei Männer zu Fuß auf dem Weg zur Wohnung gestellt
Vernehmung, Abgleich von Lichtbildern geplant, Dolmetscher notwendig
Tatwaffe noch nicht gefunden, Durchsuchung von Fahrzeug und Wohnung notwendig
Anordnung: Durchsuchungsbeschluss für Fahrzeug und Wohnung, § 103 StPO

Sonntag, 10.06.20**, 03:39 Uhr, Anruf
Tatverdächtige: Amelie Greif, geb. 09.04.1996
Tatverdacht: fahrlässige Körperverletzung

TV besuchte Festival mit Freunden, wollte in Fahrzeug übernachten, startete Fahrzeug und überfuhr ein Lagerfeuer und ein Zelt mit Insassen
Insassen aus Zelt verletzt
TV offenbar stark alkoholisiert, nach eigenen Angaben Alkohol getrunken, Atemalkoholgehalt 0,6 mg/l, das entspricht 1,2 Promille
Anordnung: Blutentnahme, § 81a StPO

Sonntag, 10.06.20**, 10:00 Uhr, Besprechung Kripo
Tatverdächtiger: Amir Bozorg, geb. 03.03.1991
Tatverdacht: versuchter Mord (Geschädigter zwischenzeitlich stabil), §§ 211, 23 Abs. 1 StGB
Identität des zweiten Mannes geklärt, siehe oben
keine Aussage von TV und Shariati
Vergleich Lichtbilder und Beschreibungen in Zeugenvernehmungen weisen auf TV als Schützen hin, weitere Vernehmungen dauern an
Tatwaffe nicht gefunden
in Fahrzeug getragene Kleidung von beiden, Untersuchung auf DNA-Spuren und Schmauchpartikel
Anordnung: Untersuchungshaft

Am Ende des Wochenendes hatte ich mit Amir Bozorg also erfolgreich einen Tatverdächtigen inhaftiert. Ich war unglaublich erleichtert und auch ziemlich stolz. Ich bin ziemlich sicher, dass Amir Bozorg wirklich der Täter war. Pünktlich zum Montagmorgen endete meine Zuständigkeit als Bereitschaftsstaatsanwältin und die Abteilung I übernahm den Fall. All meine Beschlüsse und Akten gingen an Herrn Dr. Horn und die Kolleginnen und Kollegen der Abteilung I. Sie würden alle weiteren Maßnahmen einleiten und das Verfahren vor Gericht bringen. Ich habe von den weiteren Ermittlungen nichts mehr mitbekommen. Das ist ein bisschen ungerecht, oder? Da müht man sich ein ganzes Wochenende nach Kräften, den Täter zu finden, und dann wird man einfach so wieder aus dem Spiel genommen. Aber das gehört natürlich auch dazu. Ich bin kein Profi in Sachen Kapitalverbrechen, das sind die Kolleginnen und Kollegen der Abteilung I. Ich konnte mich glücklich schätzen, die Ermittlungen nicht schon während des Wochenendes durch einen Anfängerfehler verdorben zu haben. Und doch war ich auch ein bisschen traurig, diesen spannenden Fall wieder abgeben zu müssen. Ein kleines Trostpflaster erreichte mich aber wenige Tage danach. Ich bekam eine E-Mail von Herrn Dr. Horn, die ich bis heute sehr zu schätzen weiß:

»Liebe Frau Kollegin Stahl, auch wenn es nie Gegenstand einer Akte oder einer Beurteilung werden wird, möchte ich Ihnen mitteilen, dass sich die Kollegen der Kriminalpolizei polizeiintern sehr lobend über Ihre engagierte Arbeit als Bereitschaftsstaatsanwältin geäußert haben.«

Ich habe mir diese E-Mail ausgedruckt und zusammen mit meinen Musterbeschlüssen abgeheftet. Während ich diese Zeilen schreibe, halte ich sie in den Händen. Ich danke bis heute meinem Herrgott, dass ich dieses Wochenende ohne versehentliche Dienstvergehen, rechtswidrige Beschlüsse oder ähnliche Katastrophen überlebt habe. Und ich freue mich trotzdem schon jetzt auf meinen nächsten Bereitschaftsdienst. Mein Notizbuch liegt bereit.

Exkurs in die JVA

… oder wozu man heutzutage noch
einen Wurfstern braucht

Als Staatsanwältin beantrage ich naturgemäß am Ende einer Strafverhandlung bestenfalls die Verurteilung der Angeklagten. Manchmal zu einer Geldstrafe, oft aber eben auch zu einer Freiheitsstrafe. Wer noch nie in einer Justizvollzugsanstalt, kurz JVA, gewesen ist, vermag sich nicht vorzustellen, was die Verurteilung zu einer Freiheitsstrafe für die Betroffenen bedeutet. Die Reaktionen der Angeklagten auf die Aussicht, einsitzen zu müssen, fallen sehr unterschiedlich aus. Ich hatte schon Angeklagte, die sich ausdrücklich gewünscht haben, inhaftiert zu werden. Gerade im Winter kann für einen Obdachlosen die Aussicht auf ein Bett, eine Dusche und drei geregelte Mahlzeiten am Tag durchaus verlockend sein. Ein britischer Heroinkonsument, den ich vor der Hauptverhandlung einige Wochen in Untersuchungshaft genommen hatte, hat sich einmal unter Tränen bei mir und der Richterin für die Inhaftierung bedankt. Er verdanke uns sein Leben, erzählte er. Er habe auf der Straße gelebt und in beiden Ellenbogenbeugen faustgroße entzündete Abszesse von verunreinigtem Spritzbesteck gehabt. Er wäre allein nie zum Arzt gegangen und wäre ohne die Behandlung in der JVA wohl an einer Sepsis verstorben.

Von solchen traurigen Schicksalen einmal abgesehen, wird ein Aufenthalt in der JVA aber allgemein als eher unangenehm empfunden. Genau das ist ja auch Ziel der Übung. Die Inhaftierung soll schließlich eine Strafe sein. Sie soll den Täter für seine Taten büßen lassen, dem Opfer ein wenig Genugtuung verschaffen und vor allem den Täter und die Allgemeinheit davor zurückschrecken lassen, sich (noch mal) strafbar zu machen. Neben der Straffunktion kommt der Inhaftierung aber auch eine sogenannte Resozialisierungsfunktion zu. Der Täter soll schon während seines Aufenthalts hinter schwedischen Gardinen wieder darauf vorbereitet werden, sein Leben in der richtigen Welt zu meistern. Und das bestenfalls etwas erfolgreicher als vor seiner Inhaftierung. Dazu gibt es psychologische und psychosoziale Angebote, Bildungsprogramme, Sprachkurse, Therapien und Sport. Das klingt schon wieder fast zu gut, um noch Strafe zu sein, denken Sie? Ich war mir da auch nicht ganz so sicher. Genau deshalb beschloss ich, mir das Ganze einmal selbst anzuschauen. Wenn ich schon ständig Angeklagte in die JVA schickte, wollte ich auch genau wissen, wie es dort aussieht und zugeht. Ich musste mir das selbst anschauen. Und zwar nicht nur von außen, sondern von innen. Und so meldete ich mich für eine Hospitation an. Eine Woche lang verbrachte ich jeden Tag von acht Uhr morgens bis etwa 16 Uhr nachmittags hinter den großen Betonmauern mit Stacheldraht.

Schon das Betreten der JVA war ziemlich beklemmend. Eine Art Glasschleuse bildete den Eingang des Gebäudekomplexes. Ich trat durch die erste Tür, legte dann ein Schreiben zu meiner Hospitation, meinen Dienstausweis und meinen Personalausweis an einer Pforte vor. Hinter mir schloss sich die erste Tür, eine zweite ging auf. Es ging weiter in einen Raum mit vielen verschließbaren Schränken. Dort hieß es dann erst einmal Ablegen. Nein, natürlich nicht die Kleidung. Aber davon abgesehen wirklich alles, was ich dabeihatte: Handtasche, Handy, Papiere, Kugelschreiber, Schlüssel. In die Haftbereiche darf nichts mit hineingenommen werden. Zu groß ist die Gefahr, dass irgendetwas in die Hände der Inhaftierten gelangt. Ich bekam eine Art Lichtbildausweis zum Umhängen, er sah ein bisschen aus wie ein VIP-Ticket zu einer Messe.

»Lassen Sie sich den bloß nicht abnehmen«, warnte mich die Mitarbeiterin an der Pforte, »sonst kommen Sie hier heute Abend nicht mehr raus und jemand anders geht damit spazieren.«

Ich weiß nicht, ob sie nur einen Scherz machte. Aber ich beschloss, den Ausweis nicht offen, sondern lieber unter meinem Blazer zu tragen.

Die JVA bestand aus einer Menge verschiedener Gebäude. Es war ein weitläufiges, unübersichtliches Gelände. Ich bin nicht sicher, ob ich das kleine Eingangshäuschen allein wiedergefunden hätte. Im Verwaltungsgebäude begrüßte mich der Leiter der JVA – ein Oberstaatsanwalt im Übrigen. Bis zu diesem Tag hatte ich gar nicht gewusst, dass auch die Leitung einer JVA zum Aufgabengebiet der Staatsanwaltschaft gehörte. Ich hatte angenommen, dass das eine Art eigenständiger Berufszweig sei. Glücklicherweise hatte ich das noch nicht laut gesagt. Gemeinsam mit dem Oberstaatsanwalt besprach ich den Ablauf meiner Hospitation. Ich würde jeden Tag einen anderen Bereich anschauen und dazu verschiedene Kolleginnen und Kollegen in der JVA begleiten.

Am ersten Tag stand der normale Tagesablauf der Gefangenen auf dem Plan. Ich würde in der JVA keinen Schritt allein gehen können. Alle Türen, alle Treppenhäuser waren schleusenartig verriegelt. Und ich bekam natürlich keinen Schlüssel. Ein Mitarbeiter der Verwaltung begleitete mich deshalb zu meiner ersten Station. Gemeinsam liefen wir über das unübersichtliche, weitläufige Außengelände. Ich bereute meinen Dresscode sofort. Der kalte Herbstwind zog unangenehm in meinen dünnen Trenchcoat hinein. Die Absätze meiner Pumps hallten auf dem gepflasterten Fußweg wider, als wir zwischen mehreren Zellgebäuden entlanggingen. Das erregte natürlich die Aufmerksamkeit der Gefangenen. Aus vier oder fünf Etagen blickten sie aus ihren Fenstern auf uns herab. Manche pfiffen und johlten, als wir ihre vergitterten Fenster passierten.

»Gehen Sie hier nie allein«, empfahl der Mitarbeiter der Verwaltung. »Und gehen Sie nicht zu dicht unter den Fenstern, Sie wissen nie, was von oben geflogen kommt.«

Eine nicht gerade beruhigende Empfehlung. Ich zog meinen Trenchcoat noch etwas fester zu und steckte die Hände in die Taschen. Die johlenden Gefangenen versuchte ich zu ignorieren. Mein Unbehagen konnte man mir wohl doch ansehen. Der Verwaltungsmitarbeiter lächelte.

»Nehmen Sie es denen nicht übel. Es ist eine JVA nur für Männer. Die Gefangenen sehen hier selten eine Frau. Erst recht nicht in hohen Schuhen.«

Wir erreichten eine Art umzäunten Innenhof zwischen den Zellgebäuden. Dort konnten die Gefangenen zu bestimmten Zeiten stundenweise an die frische Luft gehen. Manche saßen in einem Fleckchen Sonne, manche gingen im Kreis um den Hof, andere standen in Gruppen und unterhielten sich. Es gab mehrere Fitnessmöglichkeiten wie Hantelbänke und Klimmzugstangen. Der Verwaltungsmitarbeiter zeigte auf ein Gebäude am anderen Ende des Innenhofs.

»Das da ist eine kleine Sporthalle, bei guter Führung dürfen die Gefangenen da Fußball spielen. Und das da«, er deutete auf ein kleines Gebäude daneben, »das ist die Kantine. Da gehen die Mitarbeiter essen. Die Mahlzeiten bereiten die Gefangenen zu. Sie können nachher gern mitkommen.«

Ich dachte unwillkürlich an Szenen aus Hollywoodfilmen mit Erbseneintopf und Graubrot und verzog das Gesicht. Auch hier muss man mir meine Gedanken wohl angesehen haben.

»Heute gibt es Schnitzel mit Mischgemüse«, lachte der Kollege, »und das kann man wirklich ganz gut essen. «

Nun stand aber erst einmal der Alltag im Zelltrakt auf dem Plan. Ich begleitete zwei junge Justizvollzugsbeamte, Herrn Krohl und Herrn Müller, in ihren Trakt. Sie führten zu zweit die Aufsicht über eine ganze Etage voll inhaftierter erwachsener Männer. Es war gerade »Aufschluss«, das bedeutet, die Inhaftierten müssen nicht in ihren Zellen bleiben, sondern dürfen sich frei auf der Etage bewegen. Einen solchen Aufschluss gibt es zweimal am Tag. In dieser Zeit können die Inhaftierten duschen gehen, Telefonate führen, Anträge im Büro abgeben oder einfach ihre Nachbarn in der Zelle nebenan besuchen. Mir war während des Aufschlusses ziemlich mulmig zumute. Ich war umgeben von etwa zwanzig Männern verschiedenster Nationalitäten, die teilweise wegen schwerer Straftaten einsaßen. Ich versuchte, mich nicht zu weit von Herrn Krohl wegzubewegen, und war erst mal erleichtert, als wir in einen verglasten Verwaltungsraum gingen und ich einen Blick in die Akten werfen durfte. Doch die Tür blieb offen, Gefangene gingen ein und aus. Ich versuchte, mir mein Unbehagen nicht anmerken zu lassen, kam aber nicht umhin, mich immer wieder in Richtung der Tür umzusehen. Herr Krohl war weder groß noch stark. Es wäre wohl ein Leichtes gewesen, ihn zu überwältigen. Die Kollegen in der JVA sind generell nicht bewaffnet. Das teilte mir Herr Krohl gleich zu Beginn unserer Runde mit. Zu groß wäre die Gefahr, dass einer der Gefangenen jemandem eine Waffe abnehmen könnte. Herr Krohl schien meine Anspannung zu bemerken. Ich müsse mir keine Sorgen machen, erklärte er, die Gefangenen seien meistens ganz friedlich. Alle hätten ein Interesse an einem vernünftigen Miteinander. Und alle wüssten, dass es bestimmte Privilegien wie Fernsehen oder Sport eben nur gibt, solang sich alle benehmen. Über das »meistens« in seiner Aussage, dachte ich noch kurz nach, dann schob ich den Gedanken schnell zur Seite. Im Nachhinein kann ich seine Aussage aus meiner Erfahrung nur bestätigen. Während meiner ganzen Hospitation habe ich nicht eine Situation erlebt, in der sich Gefangene in irgendeiner Form aufgelehnt hätten. Es hätte ja auch nichts gebracht. Weiter als bis zur nächsten Sicherheitstür wäre niemand gekommen. Besonders sicher habe ich mich aber trotzdem nicht gefühlt.

Von dem beklemmenden Gefühl einmal abgesehen, eine JVA ist einfach kein schöner Ort. Aus welchem Fenster man auch sah, überall schaute man auf die hohe Betonmauer mit dem Stacheldraht. Alle Fenster waren vergittert, alle Türen schwer und verstärkt. Allein hätte ich nicht einmal die Etage wechseln können. Überall in der JVA war es unangenehm kalt. Das lag daran, dass der Großteil der Gefangenen ständig am offenen Fenster rauchte. Der widerliche Geruch zog sich durch das ganze Gebäude. Jeden Abend, wenn ich zu Hause angekommen war, warf ich meine komplette Kleidung in die Waschmaschine und wusch meine Haare, um diese Mischung aus kaltem Rauch, Männerschweiß, Kantinenessen und noch mehr kaltem Rauch wieder loszuwerden.

Als die Aufschlusszeit vorbei war, stand die Kontrolle der Hafträume auf dem Programm. Die Zellen der Gefangenen waren nicht besonders luxuriös. Meist teilten sich zwei Männer ein Zimmer von etwa 16 Quadratmetern. Auf dem Boden lag altes Linoleum, die einzige Lampe an der Decke war mit einem Gitter überzogen und blendete unangenehm. Die Zimmer waren mit schmalen Holzrahmenbetten mit schlichten Matratzen eingerichtet. Außerdem gab es einen kleinen Schrank, einen Schreibtisch und einen Stuhl. Und ein kleines Bad mit Toilette und Waschbecken. Für die Reinigung ihrer Zellen waren die Gefangenen selbst verantwortlich. Die Gelegenheit dazu hatten sie nur in der Aufschlusszeit. Nicht alle machten davon Gebrauch.

Regelmäßig mussten die Hafträume von Herrn Krohl und seinen Kollegen kontrolliert und nach verbotenen Gegenständen durchsucht werden. Entgegen meinen Erwartungen ist eine JVA nämlich ein wahrer Umschlagplatz für Drogen, Handys, Messer und allerlei andere Dinge, von denen ich dachte, dass sie nie oder zumindest selten dort hineinkommen würden. Und dass, obwohl die Beamten redlich bemüht sind, die JVA sauber zu halten.

Im ersten Haftraum, den wir an diesem Tag kontrollieren sollten, saßen zwei junge Männer um die zwanzig ein, beide inhaftiert wegen Diebstahlsdelikten im Rahmen suchtabhängiger Beschaffungskriminalität. Das hatte ich zumindest aus ihren Akten geschlossen. Beide reagierten sichtlich erfreut über die Abwechslung, die mein Besuch wohl in ihren eher eintönigen Alltag brachte, und baten uns freundlich herein. Ich könne mich ruhig umschauen, sie hätten nichts zu verbergen, erklärten sie mir. Von der Möglichkeit, den Haftraum während der Aufschlusszeiten zu reinigen, hatten die beiden wohl länger keinen Gebrauch gemacht. Mich schüttelte es schon beim Anblick des verklebten Fußbodens. Aber meine Neugier war viel zu groß, als dass mich das abgehalten hätte. Durchsuchen machte nämlich wirklich Spaß. Und ich wurde tatsächlich fündig! Unter der Holzplatte des Schreibtischs klebte ein Kugelschreiber, der zu einer Mini-Bong, einer Art Wasserpfeife, umgebaut war, samt dazugehörigem Marihuana. Die Jungs hatten beides von unten mit Kaugummi befestigt. Sie waren deutlich weniger euphorisch über meinen Fund als ich, reagierten aber recht gelassen. Möglicherweise war das nicht ihr einziges Versteck gewesen. In der zweiten Zelle traf ich auf einen alten Bekannten.

Stefan Beifuß war quasi einer meiner Stammkunden. Sein großer Bruder hatte ein florierendes Geschäft für den Handel mit so ziemlich allem, was man stehlen und verkaufen konnte. Und Stefan hing da irgendwie ein bisschen mit drin. Eigentlich hatte Stefan dabei nie wirklich schwere Straftaten begangen. Aber Kleinvieh macht eben auch Mist. Irgendwann hatte die Menge an kleineren Straftaten zu einer Freiheitsstrafe geführt. Und als Stefan einmal den Fuß in der JVA hatte, bekam er ihn einfach nicht mehr heraus. Stefan war mittlerweile 27 Jahre alt. Er war recht klein und schmächtig und eigentlich ein ganz sympathischer junger Mann. Er hatte es nicht leicht gehabt. Er kam aus einfachen Verhältnissen, seine Mutter hatte viel arbeiten müssen, um ihn und seine Geschwister großziehen zu können. Sein Vater trank. Für einen geregelten Job oder für seine Kinder hatte er keinen Kopf gehabt. Stefan war ein freundlicher und zurückhaltender Junge gewesen. Er wäre wohl nicht von allein auf die schiefe Bahn geraten. Aber er hatte auch nie gelernt, Nein zu sagen. Als er 15 war, bat sein großer Bruder ihn das erste Mal, eine kleine Lieferung Gras mit zur Schule zu nehmen und an jemanden zu übergeben. Stefan sagte nicht Nein. Auch nicht, als sein großer Bruder ihn bat, regelmäßig Gras in der Schule zu verteilen. So kam Stefan schon früh zu seinen ersten Jugendstrafen. Aber er kooperierte mit der Staatsanwaltschaft und dem Gericht, leistete folgsam seine Arbeitsstunden ab und gelobte Besserung. Nein zu sagen, lernte er trotzdem nicht. Wenn sein großer Bruder seine Hilfe brauchte, dann half er ihm eben. Er besorgte Nummernschilder, um gestohlene Autos besser überführen zu können, er baute gestohlene Fahrräder um, er lieferte Pakete mit Hehlerware aus, wenn sein Bruder selbst gerade verhindert war. Er stand Schmiere, wenn sonst kein anderer da war. Und regelmäßig hieß es dann: mitgefangen, mitgehangen. Auch Mittäterschaft und Beihilfe sind eben strafbar. Das verdarb Stefan nicht nur seinen ohnehin schon gefährdeten Schulabschluss. So kassierte er auch seine ersten Geld- und Bewährungsstrafen. Stefan absolvierte mustergültig seine Arbeitsstunden und gelobte wieder Besserung. Mit 24 wurde er dann zum ersten Mal zu einer Freiheitsstrafe verurteilt, die er tatsächlich auch verbüßen musste.

Eigentlich hätte er nur neun Monate bleiben sollen. Er war wegen eines Kellereinbruchs verurteilt worden, er hatte seinem Bruder beim Tragen geholfen. So waren zwei frühere kleinere Bewährungen geplatzt und er musste einsitzen. Einmal inhaftiert, hatte Stefan es aus der JVA einfach nicht wieder heraus geschafft. Immer wenn er eine Verurteilung verbüßt hatte, hatte er schon die nächste am Hals.

Kurz vor Ende seiner ersten Freiheitsstrafe durfte er zur Vorbereitung seiner Entlassung zu Behördengängen und zu einem Vorstellungsgespräch bei einem örtlichen Bauunternehmen tagsüber die JVA verlassen. Abends musste er zurück in die JVA. Ausgang nennt sich so etwas. Eine solche Vollzugslockerung dient zur Resozialisierung des Gefangenen und wird nur bei besonders geeigneten Personen gewährt. Stefan war so ein besonders geeigneter Kandidat. Er hatte sich während seiner Inhaftierung vorbildlich geführt und war sehr daran interessiert, nach seiner Entlassung ein geregeltes Leben zu führen. Er stand in engem Kontakt zu seiner Mutter, er hatte regelmäßig saubere Urintests abgegeben, die zeigten, dass er in der JVA keine Betäubungsmittel konsumiert hatte. Stefan konnte aber immer noch nicht Nein sagen. Und so konnte er auch seinem Zellennachbarn nicht die Bitte abschlagen, ihm doch während des Ausgangs etwas von seiner Frau mitzubringen. Das war leider nicht nur ein Topfkuchen mit eingebackener Feile. In seinem After wollte Stefan für seinen Zellennachbarn drei Überraschungseier mit Betäubungsmitteln und ein Kondom mit einem vollständigen Ladekabel für ein iPhone in die JVA einschmuggeln (Das ist kein Scherz!). Bei seiner Rückkehr in die JVA hatte er aber solche Schmerzen, dass die Beamten stutzig wurden und eine körperliche Untersuchung einleiteten. Und so landeten die Überraschungseier samt Drogen und Handyladekabel in einem Schieber des Krankenhauses der JVA und eine neue Ermittlungsakte zu Stefan auf meinem Schreibtisch. Stefan war wie immer geständig und gelobte Besserung. Er kassierte aber trotzdem weitere 14 Monate wegen unerlaubten Besitzes von Betäubungsmitteln in nicht geringer Menge. Der Aushilfsjob im örtlichen Bauunternehmen war damit natürlich gestorben. Und die Chancen auf künftigen Ausgang wohl auch. Stefan holte stattdessen in der JVA seinen Schulabschluss nach. Er führte sich wieder vorbildlich. Er hätte es fast bis zu seiner Entlassung geschafft. Doch dann wurde ein alter Bekannter seines Bruders in seinem Zellblock inhaftiert. Sein Bruder war auf diesen Bekannten offenbar gar nicht gut zu sprechen. Warum, wusste niemand so genau. Jedenfalls bat er Stefan, seinem Bekannten eine kleine Nachricht zu überbringen. Unglücklicherweise enthielt diese kleine Nachricht neben anderen Nettigkeiten die Drohung, dem Bekannten die Kehle aufzuschneiden. Noch ungünstiger war, dass der hilfsbereite Stefan diese kleine Warnung nicht nur gegenüber dem Bekannten seines Bruders, sondern auch noch im Beisein weiterer Gefangener überbrachte. Die konnten natürlich als Zeugen fungieren. Und so fing sich Stefan eine neue Verurteilung wegen Bedrohung ein. Noch mal vier Monate. Na ja, er hatte sich ja auch einmal eingelebt.

Nun stand Stefan mir nicht im Gericht, sondern in seinem Haftraum gegenüber. Mittlerweile war er bereits zwei Jahre inhaftiert. Er erkannte mich sofort und begrüßte mich erfreut. Weniger erfreut war er aber, als ich bei der nachfolgenden Durchsuchung seines Zimmers in seinem Kopfkissen einen Wurfstern fand. Ich hatte eigentlich nur unter dem ordentlich zurechtgelegten Bettzeug kontrollieren wollen und dabei eine Spitze des Sterns erfühlt. Wie ein Weihnachtsgeschenk hatte ich das Kissen samt Wurfstern aus dem Bezug ausgepackt. Stefan teilte meine Begeisterung nicht. Er stand betreten in der Ecke und sah zu Boden. Ich konnte das seltsame Gebilde aus verbogenen Gabeln und Bindfaden erst gar nicht richtig einordnen. Aber Herr Krohl aus der JVA klärte mich schnell auf. Solche Werkzeuge basteln die Gefangenen, um über den Hof hinweg miteinander Handel treiben zu können. Einer wirft etwas in einer Tüte aus dem Fenster in den Innenhof. Dann wird aus dem gegenüberliegenden Fenster der Wurfstern geworfen. Mit ein bisschen Übung und Geschick schafft man es, mit dem Wurfstern die Tüte zu treffen. Wenn die gebogenen Gabeln sich in der Tüte verfangen, kann man an dem Bindfaden die Beute hoch zum eigenen Fenster ziehen. Und so können illegale Geschäfte nicht nur innerhalb des eigenen Trakts, sondern auch quer über den Hof getätigt werden. Stefans Wurfstern ließ natürlich darauf schließen, dass auch er mit irgendetwas Handel trieb. Erstaunlicherweise wollte Stefan dieses Mal nicht gleich mit der Sprache herausrücken. Wir durchsuchten das komplette Zimmer, konnten aber keine Betäubungsmittel finden. Aber Herr Krohl hatte Lunte gerochen. Außerdem glaube ich, er wollte sich vor mir auch ein bisschen hervortun. Und so funkte er die Kollegen von der Hundestaffel an. Auf dem Gelände der JVA leben nämlich auch zwei ausgebildete Drogenspürhunde.

»Die hatten sich ziemlich schnell amortisiert«, lachte Herr Krohl auf meinen verdutzten Blick hin. Der belgische Schäferhund Spike brauchte keine Minute, um in Stefans Zimmer fündig zu werden. Er schlug am Bettpfosten an und versuchte, seine Pfoten in den Linoleumboden zu graben. Stefan hatte offenbar das Holzgestell des Bettes angehoben und von unten in den Fuß des Bettes einen kleinen Hohlraum geschnitzt. Dort fanden wir drei kleine Tütchen Crystal. Stefan schaute wieder betreten zu Boden. Das würde wohl noch mal eine Verlängerung geben.

Nach meinem ersten Tag in den Hafträumen verbrachte ich die nächsten Tage größtenteils in den Büros der Kolleginnen und Kollegen der JVA. Das war zwar weniger spektakulär, aber auch interessant. Und vor allem deutlich wärmer. Ich begleitete die Psychologin zu mehreren Gesprächen, ich durfte bei einer Gruppentherapie zur Aggressionsbewältigung zuschauen. Ich lernte den Ablauf des Verschubs, also des Transports zu den Gerichten oder in andere JVAs kennen und ich schaute den Sozialarbeitern über die Schulter. Ich hätte vorher nie gedacht, wie viele verschiedene Berufsgruppen in einer JVA tätig sind. Am spannendsten aber fand ich das unmittelbar an die JVA angeschlossene Krankenhaus. Diese Besonderheit war der Hauptgrund, warum ich mich für eine Hospitation in genau dieser JVA entschieden hatte. Nicht jede JVA verfügt über ein Krankenhaus. Normalerweise wird bei erkrankten Gefangenen ein Arzt in die JVA bestellt. Wenn der nicht helfen kann, werden die Gefangenen in ein öffentliches Krankenhaus verlegt. Das ist natürlich mit einem hohen organisatorischen und personellen Aufwand verbunden. Die potenziell gefährlichen oder fluchtgeneigten Patienten müssen sicher in das Krankenhaus verbracht und dort rund um die Uhr bewacht werden. Denn sie sollen ja weder flüchten noch das Krankenhauspersonal schädigen können. Deshalb ist so ein Krankenhaus unmittelbar in der JVA natürlich eine feine Sache. Es verdirbt nicht zuletzt den Gefangenen den Geschmack daran, sich in der Hoffnung auf eine Fluchtchance selbst zu verletzen.

Das Krankenhaus der JVA hatte zunächst nicht viel mit einem gewöhnlichen Krankenhaus gemein. Von außen sah es ein wenig aus, als hätte jemand im Jahr 1925 die Zeit angehalten. Das Gebäude war alt und düster. Die Mauern waren dick, die Fenster klein. Im Eingangsbereich gab es keine Glastüren, die von allein aufschwangen, wenn man vor ihnen stand. Stattdessen gab es schwere Holztüren mit einem Metallriegel, den ein Beamter von innen aufziehen konnte, um zu schauen, wer hineinwollte. Auch die Zimmer erinnerten wenig an ein Krankenhaus. Statt vielen kleinen Zimmern für wenige Patienten gab es größere Säle mit vielen Betten, in denen die Gefangenen lagen. Der Sinn dahinter ist, dass die Lage so viel einfacher zu überschauen ist. Auch hier soll ja die Sicherheit aller Beteiligten an erster Stelle stehen. Die Untersuchungs- und Behandlungsräume waren wie bei einem gewöhnlichen Krankenhaus funktional und modern eingerichtet.

Mein Interesse galt in erster Linie der psychiatrischen Abteilung. Von jeher haben mich die Psychologie und die Psychiatrie fasziniert. Warum unser Gehirn wie reagiert, was es zu leisten in der Lage ist und wie äußere Einflüsse Menschen verändern können, all das ist für mich unsagbar spannend. Dennoch betrat ich die psychiatrische Abteilung auch mit einer gewissen Scheu. Hier wurden ja schließlich nicht nur psychiatrisch auffällige Patienten behandelt. Nein, die hier hatten für gewöhnlich auch ein gewisses Gefährdungspotenzial. Auch ohne Gefangene in Zwangsjacken erinnerte mich die Szenerie ein wenig an den letzten Thriller von Sebastian Fitzek, den ich kürzlich gelesen hatte.

Der Chefarzt der Abteilung begrüßte mich persönlich und zeigte mir sein Reich. Spektakuläre Behandlungsräume gab es nicht, die Behandlung erfolgte zumeist durch Gespräche und Medikation. Schwerpunkt der Abteilung war die Diagnose psychischer Störungen. Die Haftfähigkeit, aber auch das Gefährdungspotenzial der Gefangenen mussten abgeschätzt werden. Keine einfache Aufgabe. Die Patienten der Station wirkten auf den ersten Blick auf mich ziemlich normal. Keiner schlug mit dem Kopf an die Wand oder schrie, wie man es aus den Horrorfilmen kennt. Nur einer begrüßte den Oberarzt mit

»Herr Hauptmann!« und salutierte dazu. Er litt wahrscheinlich unter schizophrenen Wahnvorstellungen und glaubte dann und wann, er sei ein Soldat im Zweiten Weltkrieg, erzählte mir der Chefarzt.

Hinter einer Glasscheibe unter ständiger Bewachung einer Schwester aber lag ein Patient, den es wohl wirklich schwer getroffen hatte. Er lag mit einer Halskrause, einem Kopfverband und völlig geschwollenem Gesicht auf einer Liege. An den Seiten hingen Gurte herab, mit denen er notfalls fixiert werden konnte.

»Er ist jetzt ruhig«, sagte die Schwester leise auf den fragenden Blick des Chefarztes hin. Auf der Liege mit der stets bereiten Fünf-Punkt-Fixierung lag Darius Weidelhöfer. Er hatte versucht, sich umzubringen. Ich hatte von Darius schon bei der Staatsanwaltschaft gehört und musste unwillkürlich schlucken, als ich ihn dort reglos liegen sah.

Darius war 23 Jahre alt. Wenn es nicht gerade angeschwollen war, hatte Darius ein hübsches Gesicht. Er war von Natur aus blond, hatte blaue Augen und ein sympathisches Lachen. Er war groß und schlank, ein eher zurückhaltender Typ. Darius war bei seiner Mutter aufgewachsen, er hatte noch drei jüngere Geschwister. Wenn seine Mutter arbeiten musste, holte er die Geschwister aus dem Hort und dem Kindergarten ab, ging einkaufen und bereitete das Abendessen zu. Dann machte er seine Hausaufgaben, er wollte gut in der Schule sein. Mit anderen Jungs in seinem Alter hatte er es nicht so. Sie zogen ihn auf, weil er oft seine kleinen Geschwister im Schlepptau hatte. Und Fußball spielen konnte Darius auch nicht. Mit den Mädchen lief es dafür umso besser. Mit seinen blonden Haaren und seiner sensiblen Art hatte er ziemlich gute Karten. Mit 13 hatte Darius seine erste Freundin. Mit 14 bekam Darius die ersten Kinder aus der Nachbarschaft zum Babysitten anvertraut. So konnte er sich ein wenig dazuverdienen. Er hatte schließlich schon immer gern Kinder betreut. Mit 16, direkt nach dem Schulabschluss, begann Darius eine Ausbildung zum Sozialassistenten. Er wollte Erzieher werden. Etwa zur selben Zeit stellte er fest, dass ihn die kleinen Kinder, wenn sie nackt waren, mehr erregten als seine Freundin. Manchmal stellte er sich vor, wie es wäre, wenn auch er nackt wäre und sie ihn anfassen würden.

Darius redete mit niemandem über seine Gedanken. Er schüttelte sie ab. Einen Grund, sich zu schämen, gab es ja nicht, redete er sich ein. Er hatte sich nichts vorzuwerfen. Das war nichts Großes, das würde wieder weggehen. Als Darius gerade 19 war, tauchte seine IP-Adresse in der Datenauswertung der Cloud eines Kinderpornografiehandels auf. Die Wohnung von Darius und seiner Freundin wurde durchsucht. Auf seinem Laptop wurden 34 kinderpornografische und 27 jugendpornografische Videos und Fotos sichergestellt. Darius wurde wegen des Erwerbs und Besitzes kinder- und jugendpornografischer Schriften zu einer Freiheitsstrafe von 15 Monaten verurteilt. Weil er noch nicht vorbestraft war und sich freiwillig verpflichtete, in regelmäßigen Abständen einen Psychologen aufzusuchen, wurde die Strafe zur Bewährung ausgesetzt. Nach den ersten Gesprächen mit dem Psychologen wurde Darius das Ausmaß seiner Neigung zum ersten Mal bewusst und er begann sich zu schämen. Der Psychologe hatte ihm aufgezeigt, dass erotische Gedanken an nackte Kinder nicht normal sind. Sie haben nichts mit der Modeindustrie zu tun, die immer schlankere und jüngere Modelle zeigt, wie Darius sich seine

Fantasie gern erklärte. Es gab nichts daran schönzureden. Sein Therapeut konnte ihm klarmachen, dass dieser Hang eine Last sei, die ihn sein ganzes Leben begleiten würde. Er müsse lernen, damit umzugehen und auf sich zu achten.

Nach den zehn Sitzungen alle vier Wochen, die der Bewährungsbeschluss vorgesehen hatte, ging Darius nicht mehr zur Therapie. Er konnte es sich schlicht nicht mehr leisten. Eine Anstellung in einem Kindergarten hatte er natürlich nicht bekommen. Über das Führungszeugnis, das zukünftige Arbeitgeber anfordern müssen, wird über eine solche Verurteilung informiert. Schließlich soll zum Schutz der Kinder ausgeschlossen werden, dass in dieser Hinsicht vorbestrafte Täter in der Kinderbetreuung tätig werden. Kostenfreie Hilfsangebote zur Prävention nahmen Darius leider nicht mehr auf. Das schockiert mich bis heute. Denn möglicherweise hätte so Schlimmeres verhindert werden können. In Deutschland sind mehrere lobenswerte Präventionsorganisationen im Bereich der Pädophilie tätig. Das ist wichtig und gut, denn die Quote derer, die sich sexuell zu Kindern und Jugendlichen hingezogen fühlen, ist überraschend hoch. In aktuellen sexualwissenschaftlichen Untersuchungen aus der Allgemeinbevölkerung gaben zwischen 4,1 und 9,5 Prozent der männlichen Probanden an, schon einmal sexuelle Fantasien mit einem Kind gehabt zu haben.[2] Da jedoch Erkenntnisse zu Intensität und Dauerhaftigkeit dieser Fantasien nicht vorliegen, lässt sich das Vorkommen einer klinisch diagnostizierbaren Pädophilie daraus noch nicht ableiten. Und bei Weitem nicht jeder, der sich zu Kindern und

---

2 Quelle: Präventionsnetzwerk Kein Täter werden: *Hintergrund.* https://www.kein-taeter-werden.de/hintergrund/ (abgerufen am 13.06.2022).

Jugendlichen hingezogen fühlt, wird tatsächlich zum Täter. Viele Menschen, die unter pädophilen Neigungen leiden, können mit therapeutischer Unterstützung lernen, mit diesen Neigungen umzugehen. Bundesweit existieren dazu teilweise kostenlose Hilfsnetzwerke. Darius aber fiel bei vielen davon durch das Raster. Er galt mit seiner Verurteilung wegen Erwerbs und Besitzes kinder- und jugendpornografischer Schriften als vorbestraft. Und wer vorbestraft ist, kann nicht mehr kein Täter werden.

Also versuchte Darius weiter, allein damit zu leben. Seine Freundin hatte sich nach dem Prozess von ihm getrennt, aber er lernte rasch eine neue kennen. Er begann eine Ausbildung zum Friseur und versuchte, Kinder weitestgehend zu meiden. Kinderpornografie ersetzte er durch japanische Erotik-Mangas. Eine Zeit lang funktionierte das auch ganz gut. Mit 22 hatte Darius seine Ausbildung zum Friseur abgeschlossen. Zeitgleich tauschte er die Erotik-Mangas wieder gegen Kinderpornografie, die Mangas hatten ihren Reiz einfach zu schnell verloren. Die Pornos seien sein Ventil, würde er später in einer Vernehmung erklären. Er bräuchte das. Andere sähen eben Pornografie mit Tieren oder Sadomaso, das wäre ja genauso pervers und niemand würde das in der Realität tun.

Nach seiner Ausbildung wurde Darius in dem Haarstudio, in dem er gelernt hatte, übernommen. Allerdings hatte man ihn nur mit dreißig Stunden in der Woche für die Frühschicht einstellen können. Die Teilzeitstelle in dem ohnehin schon schlecht bezahlten Friseurberuf warf für Darius nicht genug ab. So musste er wieder etwas dazuverdienen. Er bot bei Ebay Abendbetreuung für Kinder an. Mit seinem abgeschlossenen Sozialassistenten konnte er zumindest eine Qualifikation nachweisen und nach dem Führungszeugnis fragte bei stundenweiser Betreuung auch niemand. Darius fühlte sich bei seinem Nebenjob wohl, zwei Mädchen von fünf und sieben Jahren und einen sechsjährigen Jungen betreute er regelmäßig. Der Umgang mit den Kindern machte ihm Spaß, er war glücklich. Aber seinen sexuellen Hang hatte Darius unterschätzt. Immer wieder bemerkte er, wie ihn der Umgang mit den zwei Mädchen erregte. Er hatte nicht mehr nur Fantasien, er berührte sie, wann immer es nur möglich war. Er badete sie, er setzte sie in Unterwäsche auf seinen Schoß. In einer späteren Vernehmung erzählte der kleine Junge, dass er mit den Mädchen öfter Arzt habe spielen sollen und ihnen dazu Legosteine zwischen die Beine gesteckt hätte, mit denen hinterher der Darius habe spielen wollen. Und eines Abends, als Darius statt auf die üblichen drei Kinder nur auf die kleine Maria aufpassen sollte, verlor er völlig die Kontrolle. Er zog sich und das siebenjährige Mädchen aus. Er ließ sie seinen Penis streicheln, küsste sie, und als Maria weinte und nicht mehr mitspielen wollte, setzte er sie rittlings auf seinen Schoß. Er versuchte sie zu penetrieren. Er hielt ihr den Mund zu, damit sie nicht schreien konnte.

Maria wurde noch in derselben Nacht in der Klinik vorgestellt. Ihre Lippe war aufgeplatzt und die Mutter hatte zu Hause lange nachgehakt, wie das denn passiert sei. Als das kleine Mädchen in unzusammenhängenden Sätzen erzählte, sie hätte nackt auf dem Schoß vom Darius gesessen, zögerte ihre Mutter nicht lang und fuhr sie direkt in die Notaufnahme. Dort wurden Einrisse im Genitalbereich und das Sperma von Darius sichergestellt. Am nächsten Tag wurde das Mädchen durch eine speziell geschulte Ermittlungsrichterin vernommen. Sie machte eine für eine Siebenjährige überraschend tragfähige

Aussage. Darius wurde noch in der Nacht festgenommen. Er wurde wegen des Verdachts des schweren sexuellen Missbrauchs / der Vergewaltigung in Untersuchungshaft genommen. Eine Kollegin von mir vertrat die Staatsanwaltschaft bei der Haftbefehlseröffnung. Bei seiner Vernehmung weinte Darius. Er habe Maria nie wehtun wollen. Er könne sich gar nicht mehr richtig erinnern. Sie sei nackt gewesen. Und golden. Und sie sei wie ein Engel auf seinen Schoß geschwebt.

Weder der Ermittlungsrichter noch die Psychologin der JVA hatten einen Verdacht auf suizidale Absichten in ihren Protokollen vermerkt. Doch bereits in der ersten Nacht in der JVA lehnte Darius das Gestell seines Bettes hochkant an die Wand, stellte den kleinen Stuhl in etwa eineinhalb Metern Abstand davor, kletterte auf das hochkant gestellte Bett und versuchte sich mit dem Genick auf die Lehne des Stuhls zu werfen. Sein Plan scheiterte. Er zog sich zwar tatsächlich Verletzungen an der Halswirbelsäule und ein Schädel-Hirn-Trauma zu, aber er brach sich nicht das Genick. Als die Mitarbeiter der JVA ihn fanden, schrie er und schlug und trat nach jedem, der in seine Nähe kam. Und nun lag er mit Halskrause unter den strengen Blicken der Krankenschwester auf der Liege der psychiatrischen Abteilung. Ich hatte Mitleid mit ihm. Und ich fragte mich gleichzeitig, ob ich das angesichts seiner Tat überhaupt haben durfte.

Die Hospitation in der JVA war eine wirklich intensive Zeit für mich. Ich habe binnen einer Woche so viele neue Eindrücke und Erfahrungen gewonnen, dass ich noch einige Zeit brauchte, um alles zu verarbeiten. Ich habe eindrucksvoll erlebt, dass eine Inhaftierung wirklich kein staatlich bezahlter Urlaub ist. Trotz warmer Betten und geregelter Mahlzeiten. Die Erinnerung an den prägnanten Geruch nach kaltem Rauch und verschwitzten Männern lässt mich noch immer unwillkürlich schauern, als hätte jemand vergessen, ein Fenster zu schließen. Ich habe einen deutlichen und unmittelbaren Eindruck davon gewonnen, was eine Freiheitsstrafe für die Verurteilten bedeutet. Noch deutlicher ist mir geworden, wie hart neben der Haft auch die Erkenntnis der selbst begangenen Taten sein kann.

Das Rechtsmittelverfahren

… oder warum ich sonntags keinen
Tatort mehr gucken kann

Menschen machen Fehler. Menschen irren sich. Menschen übersehen etwas oder schätzen die Lage falsch ein. Und auch Staatsanwältinnen und Staatsanwälte, Richterinnen und Richter sind Menschen. Auch wir treffen also falsche Entscheidungen. Das ist ungünstig. Vor allem für diejenigen, über die wir da gerade entschieden haben. Aber der schlaue Gesetzgeber hat das kommen sehen. Er wusste, dass wir nicht perfekt sein würden. Und weil unsere Entscheidungen, zumindest meistens, recht tief in die Grundrechte anderer Menschen eingreifen, hat er von vornherein ein Korrektiv installiert: das sogenannte Rechtsmittelverfahren.

In einem Rechtsmittelverfahren können die Betroffenen die Entscheidungen von Richtern und Staatsanwälten anfechten. Sie können das Verfahren einer anderen Richterin oder einem anderen Richter, einer neuen Staatsanwältin oder einem neuen Staatsanwalt vorlegen, sie können noch mal neu argumentieren, manchmal sogar andere Beweise vorlegen und es noch mal von vorn probieren. Die wohl geläufigsten Rechtsmittel sind die Berufung und die Revision. Die Berufung ist die zweite Tatsacheninstanz, in der auch die Beweise noch einmal angesehen werden. Die Revision ist eine reine Rechtsinstanz. Dort wird nur geprüft, ob das angefochtene Urteil verfahrensrechtlich ordnungsgemäß zustande gekommen ist und ob das materielle Recht, das Recht auf Grundlage des Strafgesetzbuchs, richtig angewendet wurde. Neben der Berufung und der Revision existieren aber noch eine ganze Menge anderer Rechtsmittel. Es gibt Einsprüche, Beschwerden, Wiederaufnahmeanträge und Gnadengesuche. Und wenn gar nichts übrig bleibt, wehren sich Betroffene manchmal auch einfach mit dem Gang zur

Polizei und zeigen die Kolleginnen und Kollegen aus Staatsanwaltschaft und Gericht einfach an.

Ich habe schon in meinem ersten Jahr als Staatsanwältin mehrere Anzeigen bekommen. Wegen Rechtsbeugung oder Prozessbetrug, eine sogar wegen Diebstahls eingezogener Betäubungsmittel. Da werden enttäuschte Anzeigenerstatter gern kreativ. Ich bekomme davon meistens gar nicht viel mit. Die Anzeigen gegen Staatsanwältinnen und Staatsanwälte werden in einer anderen Abteilung bearbeitet. Man möchte ja ungern über potenzielle Straftaten der eigenen Kolleginnen und Kollegen urteilen. Wenn an der Sache schon ganz offensichtlich nichts dran ist, wird das Verfahren eingestellt, ohne mich auch nur zu benachrichtigen. Als ich das erste Mal die Liste von Anzeigen gegen mich zu Gesicht bekommen habe, habe ich mich trotzdem ziemlich erschrocken. Kollege Liebherr hatte wie immer aufbauende Worte für mich.

»Das ist normal, das gehört dazu. Egal, wie Sie entscheiden, einer ist immer unzufrieden. Entweder der, der die Anzeige erstattet oder der, gegen den sie sich richtet.«

Herr Liebherr hat natürlich recht. Als Staatsanwältin bin ich nicht *everybody's darling*. Mit Gegenwind muss man da umgehen können.

Deutlich mehr als die Anzeigen gegen mich verunsichern mich bisweilen Rechtsmittel der Verteidigung. Ich muss ehrlich zugeben, dass ich bis jetzt mit der Berufung und der Revision noch wenig zu tun hatte. Sicher, oft legt die Verteidigung auch in meinen Verfahren Berufung ein. Aber die wird dann meist durch andere Kolleginnen oder Kollegen verhandelt. Ich sehe am Ende höchstens das Ergebnis. Und das dauert oft so lang, dass ich in vielen Verfahren am Ende nicht mehr mitbekomme, wie sie ausgehen. Wenn ich selbst eine Berufung einlege, dann verhandle ich sie für gewöhnlich auch persönlich. Aber auch das ist eigentlich nicht unbedingt mein Tagesgeschäft. Eine Revision habe ich noch nie selbst eingelegt. Ich bin einfach noch nicht lange genug im Geschäft, deshalb habe ich bis jetzt die meisten meiner Verfahren nur über einen gewissen Abschnitt begleitet. Doch ein Verfahren habe ich vom Anfang bis zum Ende, über den ganzen Rechtsweg hinweg, begleiten können. Es war das Strafverfahren gegen Bernd Lange.

Bernd Lange sollte eigentlich nur eine kleine Geldstrafe bekommen. Aber er schöpfte so ziemlich alle Rechtsmittel aus, die die Strafprozessordnung so zur Verfügung stellt. Und er stellte es so ungeschickt an, dass er vergleichsweise schnell am Ende ankam. So konnte ich sein Verfahren tatsächlich vom Anfang bis zum Ende begleiten. Wir können uns an Bernd Langes Fall also gut einen Überblick über die verschiedenen Instanzen verschaffen. Und ein klein wenig dazulernen, wie man sich vor Gericht besser nicht verteidigen sollte.

Bernd Lange war 41 Jahre alt, verheiratet und selbstständiger Bauunternehmer. Er war bislang strafrechtlich nicht in Erscheinung getreten. Eines Tages aber überfuhr er eine Ampel, die schon seit mehr als drei Sekunden rot zeigte. Das sollte man besser nicht machen. Zum einen, weil es wirklich gefährlich ist. Nach drei Sekunden können definitiv die ersten Fußgänger auf der Straße sein. Zum anderen aber, weil die Konsequenzen ganz schön wehtun. Für das Überfahren einer Ampel, die erst seit weniger als einer Sekunde rot anzeigt, gibt es nur ein Bußgeld. Wird dabei aber jemand gefährdet oder ist die Ampel schon länger als eine Sekunde rot, gibt es ein Fahrverbot. Bernd hatte

Glück und ein bisschen Pech. Glück, dass kein Fußgänger die Straße querte, als er über die Ampel schoss. Pech, dass es ihm wegen der Rotlichtzeit trotzdem einen Bußgeldbescheid und ein Fahrverbot bescherte. Er musste für einen Monat seinen Führerschein abgeben. Das Fahrverbot war für Bernd besonders hart. Als Bauunternehmer war er auf sein Auto angewiesen, musste er doch ständig von einer Baustelle zur nächsten pendeln. Zwei Wochen lang versuchte er, sich von seiner Frau und seinen Angestellten fahren zu lassen. Dann hatte er die Nase voll und setzte sich wieder selbst hinter das Steuer. Unglücklicherweise geriet er dabei in eine Verkehrskontrolle. Jetzt war Bernd natürlich nicht mehr im Bereich der Bußgeldbescheide und Verwarnungen. Fahren ohne Fahrerlaubnis ist kein Kavaliersdelikt. Es ist nach § 21 Straßenverkehrsgesetz eine Straftat und wird mit Freiheitsstrafe bis zu einem Jahr oder einer Geldstrafe bestraft. Und so landete Bernd auf meinem Schreibtisch. Der Fall war klar, zwei Polizisten hatten ihn anhand seines Personalausweises identifiziert. Weil Bernd Ersttäter, also noch nicht vorbestraft war, beantragte ich nur den Erlass eines Strafbefehls.

Ich glaube, den Strafbefehl habe ich Ihnen noch nicht vorgestellt. Aber Sie erinnern sich bestimmt an die Anklage? Die schreibe ich, wenn ich wirklich verhandeln möchte. Die Anklage geht dann an das Gericht, der Richter eröffnet das Verfahren, bestimmt einen Termin zur Hauptverhandlung, wir verhandeln, ich beantrage eine Strafe, der Richter erlässt ein Urteil. Bei einem Strafbefehl läuft das ein bisschen anders. Ein Strafbefehl ist so was Ähnliches wie ein kleines Urteil ohne Hauptverhandlung. Es kürzt das Verfahren ab und wird insbesondere bei kleineren Delikten, klarer Beweislage und Ersttätern gern genutzt. Ich formuliere schon in meinem Strafbefehlsantrag eine konkrete Strafe, zu der der Beschuldigte verurteilt werden soll. Wenn der Richter meine Meinung teilt, erlässt er den Strafbefehl, indem er ihn einfach unterschreibt. Dann wird er dem Beschuldigten zugestellt. Der hat dann die Wahl, entweder einfach die Strafe zu akzeptieren und zu zahlen oder einen Einspruch einzulegen. Erst im Falle eines Einspruchs gibt es dann doch eine Hauptverhandlung.

In Bernds Langes Fall schrieb ich dem Gericht also, was passiert war, und bat um eine Geldstrafe von dreißig Tagessätzen dafür. Passt, dachte auch die Richterin und unterschrieb den Strafbefehl. Dabei hätte Lange es einfach belassen sollen. Aber er legte Einspruch ein. Das ist jetzt quasi das erste Rechtsmittel. Bernd Lange begründete seinen Einspruch auch sehr umfangreich. Er hatte offenbar die sogenannte Reichsbürgerbewegung für sich entdeckt. Zumindest behauptete er das. Er legte ausführlich dar, warum er die Existenz der Bundesrepublik Deutschland abstreite und sich deshalb auch nicht der geltenden Rechtsordnung einschließlich des § 21 Straßenverkehrsgesetz unterwerfen wolle. Das Amtsgericht bezeichnete er als Firma, die nicht berechtigt sei, Geld von ihm zu verlangen. Einen Führerschein benötige er ohnehin nicht, da die nicht existente Bundesrepublik einen solchen ja gar nicht ausstellen könne. Und schließlich sei der Strafbefehl auch gar nicht richtig adressiert. Einen Herrn Bernd Lange kenne er nämlich nicht. Er sei der Bernd. Aus der Familie des Herbert und der Susanne. Und so wolle er auch angesprochen werden. Dazu hatte er sich selbst einen Ausweis erstellen lassen. Inklusive Stammbaum, aber natürlich ohne Nachnamen. Er erinnerte mich an einen Geldschein aus einem Monopoly-Spiel.

Ich glaube nicht, dass Bernd Lange tatsächlich Reichsbürger sein wollte. Vor seinem Strafbefehl hatte er die Existenz der Bundesrepublik nämlich nicht bestritten. Die Angestellten seines Unternehmens hatte er alle ordnungsgemäß angemeldet, seine Ehe war vor einem Standesamt geschlossen worden, er führte regelmäßig Steuern ab, bezog Kindergeld für seine Söhne und hatte sogar den Bußgeldbescheid für den Rotlichtverstoß bezahlt. Bernd hatte sich vielleicht einfach ein wenig bei Google vertan. Er glaubte, ein Schlupfloch vor dem Strafrecht entdeckt zu haben. Angesichts einer drohenden Strafe konvertiert so mancher kurzerhand zum Reichsbürger. Doch Frau Richterin Hell am Amtsgericht war zunächst wenig beeindruckt von Bernds schriftlichen Ausführungen und bestimmte einen Termin zur Hauptverhandlung. Überraschenderweise erschien er. Eigentlich war ich gewöhnt, dass Beschuldigte, die sich mit dem Argument der nicht bestehenden Bundesrepublik verteidigen, nicht zur Hauptverhandlung erscheinen. Die Gerichte sind ja dann schließlich auch nicht berechtigt, Ladungen zu Terminen zu verschicken. So konsequent war Bernd aber nicht. Vielleicht hatte er das aber auch einfach nicht bedacht. Der Beschuldigte nahm jedenfalls zusammen mit seiner Frau im Zuschauerraum des Sitzungssaales Platz. Auf den Platz, auf dem eigentlich der Angeklagte sitzt, legte er den Umschlag mit der Ladung und seinen Personalausweis. Den echten, nicht den selbstgebastelten. Frau Hell rief zur Sache auf. Die Anklagebank blieb leer, Bernd blieb im Zuschauerraum sitzen.

»Sind Sie der Herr Lange?«, fragte Frau Hell nach hinten.

»Nein«, antwortete Bernd, »ich bin der Bernd. Aus der Familie des Herbert und der Susanne. Bernd Lange steht nur in diesem Personalausweis. Aber die Bundesrepublik Deutschland existiert nicht und der Ausweis ist deshalb nicht gültig.«

Frau Hell seufzte und schüttelte verständnislos den Kopf.

»Also sind Sie der Herr Lange«, stellte sie nüchtern fest. »Dann darf ich Sie bitten, auf der Anklagebank Platz zu nehmen.«

»Nein«, antwortete Bernd, »ich bin nicht der Herr Lange. Ich bin der Bernd aus der Familie des Herbert und der Susanne. Die Ladung richtet sich an Herrn Bernd Lange. Das steht aber nur auf meinem Ausweis. Deshalb habe ich den Ausweis und die Ladung dort hingelegt. Verhandeln Sie doch damit.«

Bernd verschränkte die Arme trotzig vor der Brust und zeigte in Richtung der Anklagebank. »Ja, aber Herr Lange, so geht das doch nicht«, Frau Hell atmete tief durch und schüttelte langsam den Kopf. Sie diskutierte noch eine ganze Weile mit dem Angeklagten, aber der wollte partout nicht auf der Anklagebank Platz nehmen. Er wiederholte immer wieder, was er im Internet gelesen hatte und erklärte ausführlich, warum wir hier alle nur Angestellte einer illegalen Firma seien, die ohnehin kein Recht hätten, etwas von ihm zu verlangen. Als er schließlich begann, Ausdrucke zu den verschiedenen theoretischen Ansätzen der Reichsbürgerbewegung zu verteilen, hatte ich genug. Ich erhob mich und beantragte lautstark die Verwerfung von Bernds Einspruch gegen den Strafbefehl. Im Falle der Verwerfung würde die Strafe gegen Bernd einfach rechtskräftig werden. Ohne Diskussion mit Bernd. Bernd Lange hielt inne und sah zu mir. Frau Hell stutzte und schien kurz zu überlegen. Die Verwerfung des Einspruchs wird eigentlich nur dann beantragt, wenn der Einspruch nicht den Anforderungen der Form genügt oder wenn der Angeklagte zur Hauptverhandlung gar nicht erscheint.

»Der Angeklagte Bernd Lange ist offensichtlich nicht zur Hauptverhandlung erschienen beziehungsweise nicht zur Hauptverhandlung bereit«, führte ich aus. »Die Person im Zuschauerraum bestreitet, Herr Bernd Lange zu sein. Auf der Anklagebank hat niemand Platz genommen. Mit einem Stück Papier verhandle ich nicht.«

Jetzt verschränkte ich die Arme vor der Brust. Ich würdigte Bernd keines Blickes und sah fordernd in Richtung der Richterbank. Manchmal glaube ich, dass mir die Robe in der Verhandlung noch mal ein völlig anderes Auftreten ermöglicht. Ich weiß nicht, ob ich so vehemente Forderungen im Privatleben je stellen würde, ob ich mir so wenig die Butter vom Brot nehmen lassen würde. Aber in meiner Robe habe ich keine Zweifel mehr. Ich habe darüber nachgedacht, aber die Robe ist keine Verkleidung. Sie macht mich nicht zu jemandem, der ich nicht ohnehin wäre. Sie fühlt sich eher an wie eine Art Superman-Umhang, der mich noch mehr in die Rolle der selbstbewussten Staatsanwältin drückt. Der mich respekteinflößender erscheinen lässt, als es ein gewöhnlicher Anzug je könnte. Vielleicht ist das alles aber auch nur ein Placeboeffekt.

Robe hin oder her, Bernd hatte mein Auftritt offensichtlich ordentlich aus dem Konzept gebracht.

»Aber, aber, Sie können doch nicht einfach«, fing er an.

Doch, ich kann, dachte ich.

»Ich beantrage die Verwerfung des Einspruchs«, wiederholte ich noch einmal, »und ich werde meinen Antrag nicht mit Personen aus dem Zuschauerraum diskutieren.«

Ich wandte mich bewusst in Richtung des Richtertischs. Frau Hell nickte. Sie hielt das wohl auch für eine passende Lösung.

Wenn wir den Einspruch verwarfen, würde der Strafbefehl mit den dreißig Tagessätzen rechtskräftig werden. Sie erließ ein entsprechendes Verwerfungsurteil. Ausgestanden, dachte ich. Aber falsch gedacht. Das war nur Runde eins gewesen.

Runde zwei war das Berufungsverfahren. Das Berufungsverfahren ist eine weitere sogenannte Tatsacheninstanz. Das heißt, die Prozessbeteiligten können nochmals Beweise vorbringen, die Sache wird quasi neu verhandelt. Das wollte Bernd nutzen. Nachdem er als Reichsbürger gescheitert war, versuchte er es diesmal anders. In der Berufungsverhandlung ließ er sich ein. Er sei nicht gefahren, erklärte er. Er sei an diesem Tag nämlich gar nicht da gewesen. Die Polizeibeamten müssten sich furchtbar geirrt haben oder ihm da etwas anhängen wollen. Er sei an diesem Tag mit seinem Bekannten, dem Harald, auf dem Weg nach Freyburg gewesen. Zu einem Weinfest wären sie gegangen, das wisse er noch ganz genau. Und der Harald, der könne das bezeugen, deshalb habe er ihn gleich mitgebracht. Der Harald, der habe sogar noch eine Quittung. Die habe er, der Bernd, ihm ausgestellt, weil der Harald sich ja an den Benzinkosten beteiligt und das Auto gefahren hatte. Bernd selbst hätte ja nicht fahren dürfen.

Es war natürlich von vornherein klar, dass das eine Geschichte aus dem Märchenbuch war. Ich meine, wer stellt denn bitte eine Quittung für die Beteiligung an den Benzinkosten aus? Und vor allem, wer hebt so etwas auf?!

Vor dem Sitzungssaal wartete einer der beiden Polizeibeamten, die ich als Zeugen benannt hatte. Er schilderte uns die Verkehrskontrolle. Er hatte natürlich keine konkreten Erinnerungen mehr an den Vorfall. Er könne nur sicher sagen, dass er die Person am Steuer als die Person identifiziert habe, die auf dem Personalausweis abgebildet gewesen sei. Das habe er auch so protokolliert. So weit, so gut.

Damit blieb noch der Harald aus der neuen Geschichte von Bernd. Die Vernehmung von Harald wollte ich vermeiden. Ich hatte ihn auf dem Gang sitzen sehen. Harald saß mit schmuddeligen Arbeitssachen auf der Bank vor dem Saal und aß ein Mettbrötchen. Auf seiner Jacke prangte der Aufdruck des Bauunternehmens des Angeklagten. Und Harald wirkte irgendwie nicht, als sei er besonders meinungsstark und vorausschauend. Mit ziemlicher Sicherheit würde er für den Angeklagten lügen. Damit würde er sich aber strafbar machen. Ich würde ein Verfahren wegen uneidlicher Falschaussage gegen Harald einleiten müssen. Und das hätte mir irgendwie leidgetan. Also versuchte ich es anders. Ich beantragte eine kurze Verhandlungspause und verschwand mit meinem Handy nach draußen. Dort googelte ich nach Weinfesten in Freyburg. Ich fand einen Veranstaltungskalender der Winzervereinigung. Und siehe da, kein Weinfest am Tattag, ja, nicht mal im selben Monat! Hoch lebe das Internet. Ich druckte den Kalender an einem Computer in der Bibliothek des Gerichts aus und ging zurück in den Saal.

»Herr Lange«, begann ich langsam, »ich möchte Ihnen den Jahreskalender der Winzervereinigung Freyburg vorhalten. Er enthält folgende eingetragene Veranstaltungen.« Ich verlas betont langsam und deutlich alle Veranstaltungen.

»Am Tattag hat ausweislich des Veranstaltungskalenders der Winzervereinigung also keine Veranstaltung stattgefunden. Ich möchte Sie darauf hinweisen, dass der von Ihnen benannte Zeuge verpflichtet ist, vor Gericht die Wahrheit zu sagen. Wenn er nicht die Wahrheit sagt, macht er sich strafbar. Die falsche uneidliche Aussage wird mit Freiheitsstrafe von drei Monaten bis zu fünf Jahren bestraft. Möchten Sie vor diesem Hintergrund an Ihrer Einlassung festhalten?«

Bernd Lange wurde blass. Das hatte er nicht bedacht. Kein Weinfest am Tattag. Harald würde sich strafbar machen. Jetzt bat Bernd um eine Verhandlungspause. Dann zog er seine Erklärung zurück. Zum Glück für Harald. Der konnte nach Hause gehen. Zum Leidwesen des Angeklagten. Es blieb bei dreißig Tagessätzen.

Aber Bernd beließ es nicht dabei, er legte auch noch Revision ein. Runde drei also. In der Revisionsverhandlung wird das Urteil nur auf Rechtsfehler überprüft. Eine neue Beweisaufnahme gibt es nicht. Der Beschuldigte versuchte es deshalb noch einmal als Reichsbürger. Aber er kam nicht weit. Die Revision wurde direkt als unzulässig verworfen. Bernd hätte die Begründung durch einen Rechtsanwalt einreichen müssen. Er hatte aber wohl keinen gefunden, der ihn dabei unterstützen wollte. Es verblieb also bei einer Geldstrafe von dreißig Tagessätzen. Zuzüglich der Verfahrenskosten für drei Instanzen. Das wird teuer. Auch das hatte Bernd Lange wohl nicht bedacht.

So einfach wie in diesem Fall ist es aber weiß Gott nicht immer. Das Rechtsmittelverfahren ist der Hauptgrund, warum ich sonntags keinen *Tatort* mehr gucken kann. Im deutschen Strafrecht korrigieren wir die Fehler der Strafverfolgungsbehörden, der Staatsanwälte und der Gerichte. Zumindest in den meisten Fällen. Ist ein Beweismittel nicht ordnungsgemäß erlangt worden, darf man es nicht mehr gegen die Angeklagten verwenden. Ist die oder der Angeklagte vor dem Geständnis bedroht oder getäuscht worden, kann darauf kein Urteil gestützt werden. Die juristischen Feinheiten dazu erspare ich Ihnen jetzt. Mein Hauptinteresse gilt jedenfalls immer einem sauberen Ermittlungsverfahren und einer möglichst fehlerfreien Verhandlung. Darauf zielte meine Ausbildung ab, dazu habe ich gelesen und aus vielen Fehlern gelernt. Ich bin sensibel, was Ermittlungsfehler angeht. Wenn ich in Spielfilmen eine fehlerhafte Vernehmung sehe, zucke ich zusammen. Und der sonntägliche *Tatort* bereitet mir in dieser Hinsicht regelmäßig körperliche Schmerzen im Minutentakt. Da werden Wohnungen ohne Durchsuchungsbeschluss gestürmt, alles wird einfach mitgenommen. Beschlagnahmen? Müssen die nicht. Und vor allem wird da immer alles angefasst. Ohne Handschuhe! Und überall draufrumgetrampelt. Schuhabdrücke, Fingerabdrücke, DNA-Abrieb, das könnte man alles sichern, wenn man da erst mal die Leute von der Kriminaltechnischen Untersuchung hinschicken würde. Aber nein, stattdessen tatschen die zwei Hauptdarsteller lieber die Tatwaffe mit bloßen Händen an. Und wickeln sie dann in ein Taschentuch. Ein Taschentuch! Es ist zum Haareraufen. Dann werden Beschuldigte bedroht, gern auch geschlagen. Zeuginnen und Zeugen werden natürlich grundsätzlich nicht belehrt. Sie werden stattdessen mit Suggestivfragen vernommen. Da bekomme ich Herpes.

»Hat der Täter Sie geschlagen? Ins Gesicht etwa? Kommt daher das Hämatom? Sie waren doch zusammen mit ihm, oder?«

Da kann man nur schreiend im Kreis laufen. Oder umschalten. Wenn es denn hoffentlich nur der Sonntagabendkrimi und nicht das eigene Verfahren ist.

Beamte wie im *Tatort* gibt es in der Realität zum Glück eher selten. Die Verteidigung muss heute schon recht findig sein, um Fehler im Ermittlungsverfahren aufzudecken. Aber auch nicht jedes Rechtsmittel beruht darauf, dass etwas schiefgelaufen ist. Manchmal sind die Juristinnen und Juristen im Saal auch einfach völlig unterschiedlicher Auffassung. Das ist zum einen natürlich besonders oft der Fall, wenn es um das Strafmaß geht, wenn wir uns also nicht einig werden, wie die Täter denn bestraft werden sollen. Oft streiten wir auch darüber, ob es nun noch einmal Bewährung geben soll oder nicht. Manchmal streiten wir aber auch schon über die Würdigung der Beweislage. Dann haben wir schon unterschiedliche Auffassungen dazu, was überhaupt passiert ist beziehungsweise ob denn das bewiesen werden kann, was die Anklage vorwirft.

Im Fall gegen Selina Gerber habe ich eine sehr ausführliche Berufungsbegründung geschrieben, weil ich die Beweise einfach völlig anders gewertet habe als der Richter. Es war, als hätten wir zwei völlig verschiedene Fälle bearbeitet. Aber so ist das wohl manchmal, wenn Menschen urteilen.

Lassen Sie uns dazu ein kleines Experiment wagen. Ich versuche, Ihnen die Beweislage im Fall von Selina so neutral wie möglich zu schildern. Und Sie versuchen am Ende zu beurteilen, ob Selina zu verurteilen wäre oder nicht. Ist Selina schuldig oder nicht schuldig? Versuchen Sie doch einmal, sich darüber ein Urteil zu bilden. Dabei sollen Sie aber natürlich nicht einfach die Überlegungen einer völlig unbeteiligten Person anstellen. Sie haben schon viel über meinen Beruf erfahren, jetzt können Sie in meine Rolle schlüpfen. Denken Sie wie ein Staatsanwalt. Und haben Sie dabei folgende Prämissen vor Augen:

Der Staatsanwalt ist neutral, er ermittelt sowohl zulasten als auch zugunsten des Angeklagten. Sie wollen also tatsächlich die Wahrheit eruieren. Wir wollen niemanden zwingend verurteilen, nur weil wir die Staatsanwaltschaft sind und die Anklage vertreten. Wir wollen Recht schaffen, das muss immer das Hauptziel sein.

Es gilt der Grundsatz *in dubio pro reo* – im Zweifel für den Angeklagten. Der Angeklagte gilt also so lange als unschuldig, bis das Gegenteil bewiesen ist.

Die Null-Hypothese des Bundesgerichtshofs. Glauben Sie nichts, was jemand aussagt. Bis Sie Anhaltspunkte dafür haben, dass es die Wahrheit sein könnte. Schauen Sie also, was konkret dafür spricht, dass das, was uns erzählt wird, auch wirklich die Wahrheit ist. Legen Sie dabei nicht nur Wert auf die Person der Aussagenden, sondern auch auf die Aussage selbst und die potenziellen Hintergründe der Aussage.

Auch der Staatsanwalt wendet sauber das Recht an. Lassen Sie sich also nicht von Ihren persönlichen Erfahrungen, Erlebnissen oder Emotionen leiten. Versuchen Sie, so sachlich wie möglich zu überlegen. Auch wenn Ihr Bauchgefühl Sie vielleicht in die eine oder andere Richtung lenkt.

Nun zu unserem Fall. Unsere Angeklagte ist Selina Gerber. Selina ist 23 Jahre alt, ledig und hat keine Kinder. Sie hat die Schule mit dem Hauptschulabschluss beendet. Eine abgeschlossene Berufsausbildung kann sie nicht vorweisen, zur Zeit der Verhandlung lebt sie von Arbeitslosengeld. Angeklagt ist Selina wegen versuchten Wohnungseinbruchsdiebstahls. Sie soll versucht haben, gewaltsam in die Wohnung des Ehepaars Hannelore und Eberhardt Krüger einzudringen. Das Ehepaar soll sie unmittelbar an der Wohnungseingangstür gestellt haben. Selina hat die Tat von Anfang an bestritten. Uns stehen die Aussagen von Selina und mehreren Zeuginnen und Zeugen zur Verfügung, außerdem einige Lichtbilder des potenziellen Tatorts. Aber schauen wir uns das Ganze erst einmal im Einzelnen an.

Zur Beweislage:

1. Die Einlassung der Angeklagten
Wir haben zunächst Selinas Einlassung. Eine Einlassung ist die Aussage der Angeklagten selbst. Selina bestreitet den Tatvorwurf. Sie gibt an, zum Tatzeitpunkt mit ihrem Fahrrad im Hausflur des Mehrfamilienhauses gewesen zu sein. Sie habe dort eine Bekannte besuchen wollen. Sie habe sich in der Etage geirrt und das Fahrrad wohl an die Wohnungseingangstür der Krügers gelehnt. Deshalb habe Herr Krüger geöffnet und gedacht, sie wolle dort einbrechen. Auf Nachfrage gibt sie an, den Namen der Bekannten im Haus nicht zu kennen, sie habe nur etwas abholen sollen und könne sich an den Namen nicht erinnern. Eine Handynummer habe sie auch nicht. Die Bekannte sei nicht da gewesen.

2. Die Aussage des Zeugen Eberhardt Krüger
Eberhardt Krüger sagt aus, er habe am Abend mit seiner Frau im Wohnzimmer ferngesehen. Da habe er ein Kratzen an der Tür gehört. Er habe seine Frau angesprochen, die habe es dann auch gehört. »Da will einer einbrechen!«, habe seine Frau direkt gesagt. Da hätte es schon mehrfach Versuche gegeben, die Wohnungstür habe von außen schon etliche Kratzer. Aber bislang sei zum Glück noch keiner reingekommen. Er sei

dann jedenfalls zur Tür, seine Frau sei hinter ihm gewesen. Er habe den Dieb endlich erwischen wollen. Er habe die Tür aufgerissen und laut »Hey!« gerufen. Vor der Tür habe die junge Frau gestanden. In einer Hand habe sie einen Meißel gehabt, in der anderen einen Schraubendreher. Sie habe direkt vor der Tür gestanden. »Was machen Sie hier?«, will er die Frau gefragt haben. Die habe ihn nur kurz angeguckt, dann habe sie das Fahrrad umgestoßen und sei die Treppe heruntergerannt. Herr Krüger sei ihr nachgelaufen, aber sie sei schneller gewesen. »Halt! Stopp!«, habe er mehrmals gerufen. Im Innenhof sei die Frau seinem Nachbarn in die Arme gelaufen und der habe sie dann festgehalten. Er habe sie schließlich eingeholt. Sie habe nur noch den Schraubendreher in der Hand gehalten. Herr Krüger habe dann die Polizei gerufen.

3. Die Aussage der Zeugin Hannelore Krüger
Hannelore Krüger bestätigt die Aussage ihres Mannes. Tatsächlich gesehen habe sie die Frau nicht, ihr Mann habe ja vor ihr gestanden. Sie ergänzt, dass die Tür an dem Tag neue Kratzer gehabt habe. Da sei sie sicher, weil sie sich immer so ärgern würde, wenn sie die Kratzer an der Tür sehe. Und sie sei auch sicher, dass das Kratzen direkt an der Tür gewesen sei. Sie habe es richtig an dem Holz hören können. Das Fahrrad habe sie auch gesehen. Sie habe sich noch gewundert, wieso die junge Frau es mit nach oben genommen habe. Es habe im Treppenhaus gestanden und ein Stück neben der Wohnungseingangstür gelehnt.

4. Die weitere Einlassung der Angeklagten
Nach der Vernehmung des Ehepaars Krüger ergänzt Selina auf Nachfragen ihre Aussage. Einen Meißel habe sie nie mitgehabt,

da müsse der alte Herr sich verguckt haben. Den Schraubendreher habe sie deshalb in der Hand gehalten, weil sich der Korb an ihrem Fahrrad gelöst habe und sie die Schraube nachziehen wollte. Das passiere ihr öfter, deshalb habe sie den Schraubendreher stets dabei.

5. Die Aussage des Nachbarn
Der Nachbar der Krügers kann nur sagen, dass er durch den Innenhof des Mehrfamilienhauses gegangen sei, als er seinen Nachbarn, den Herrn Krüger, »Halt! Stopp!« habe rufen hören. Dann sei die junge Frau in den Hof gerannt gekommen. Sie habe etwas weggeworfen. Er könne nicht genau sagen, was das gewesen sei. Aber er habe jedenfalls etwas durch die Luft fliegen sehen. Die junge Frau sei dann über den Hof in seine Richtung gelaufen. Kurz vor dem Tor habe er sie zu fassen bekommen und sie festgehalten. Dann sei Herr Krüger gekommen und habe gesagt, dass sie bei ihm einbrechen wollte. Die junge Frau habe einen Schraubendreher dabeigehabt. Sie habe die ganze Zeit geschimpft und geflucht und versucht, sich loszureißen. Herr Krüger habe dann die Polizei gerufen.

6. Die Feststellungen der Polizeibeamten
Die Polizeibeamten sagen aus, sie seien wegen eines Wohnungseinbruchsdiebstahls gerufen worden. Vor Ort habe Herr Krüger ihnen von dem Einbruch erzählt (so wie auch vor Gericht). Die junge Frau habe gar nichts gesagt. An der Wohnungstür seien einige Kratzer gewesen. An manchen seien aus der Nähe frische abgesplitterte Holzfasern zu sehen gewesen. Davon hätten sie Lichtbilder angefertigt. Im Innenhof in einem Blumenbeet hätten sie einen flachen Meißel gefunden. Er habe in einem

Blumenbeet gesteckt. Sie hätten auch davon Fotos gemacht. DNA-Spuren hätten sie nicht genommen. Das Fahrrad hätten sie auch nicht näher angesehen oder untersucht. Nachdem sie die Aussagen von allen Beteiligten aufgenommen hatten, hätten sie die junge Frau auch wieder gehen lassen.

Das Vorgehen der Polizeibeamten erinnert ein bisschen an die Ermittler vom *Tatort*, finde ich. Wenigstens den Meißel hätte man doch sicherstellen können. Nichtsdestotrotz, am Ende der Verhandlung war das unsere Beweislage. Mehr gab es nicht.

Wie würden Sie nun entscheiden? Glauben Sie Selina? Oder doch eher dem Ehepaar Krüger? Hat Selina versucht, in die Wohnung einzubrechen? Oder ist alles nur ein unglückliches Missverständnis?

Meine eigene Einschätzung möchte ich noch einen kurzen Moment aufsparen. Schauen wir uns stattdessen erst einmal an, wie es in diesem Fall vor Gericht weiterging. Am Ende der Hauptverhandlung sprach der Richter sein Urteil. Wie schon erwähnt, waren wir uns völlig uneinig, was die Beurteilung dieses Falles anging. Der Richter des Amtsgerichts sprach Selina frei. Laut Urteilsbegründung hielt er den Tatnachweis für nicht gegeben. Er könne nicht ausschließen, dass das Ehepaar Krüger sich verhört habe und Selina nur ihr Fahrrad an die Tür gelehnt habe. Allein die Flucht sei kein Geständnis. Der Kratzer könnte schon früher an der Tür gewesen sein. Und der Meißel im Blumenbeet sei schließlich auch kein Beweis. Es sei nicht davon auszugehen, dass Selina ihn weggeworfen habe, denn dann hätte er auf dem Boden liegen statt in der Erde stecken müssen.

Was würden Sie nun tun, wenn Sie auf der Seite der Staatsanwaltschaft sitzen würden? Entspricht das Urteil auch Ihrer

Würdigung? Oder sind Sie zu einem anderen Ergebnis gekommen? Würden Sie das Urteil akzeptieren? Oder doch ein Rechtsmittel einlegen?

Meiner Würdigung entsprach das Urteil nicht. Ich legte Berufung ein. Ich wertete die Beweislage anders. Lassen Sie mich Ihnen schildern, warum. Schon Selinas Aussage war für mich wenig glaubhaft. Dafür sprach zunächst ihre mangelnde Konstanz. Ihre Aussage wies seltsame Wissenslücken auf. Verstehen Sie mich nicht falsch, grundsätzlich sind Wissenslücken kein Indiz für eine nicht glaubhafte Aussage. Ganz im Gegenteil. Sie erinnern sich sicher, das menschliche Gehirn merkt sich nicht alles. Deshalb gehe ich bei Aussagen, die das Geschehen nicht mehr vollständig und bis ins letzte Detail wiedergeben können, auch keinesfalls gleich davon aus, dass sie gelogen wären. Selinas Aussage war allerdings unstimmig. Nicht in Bezug darauf, dass sie angab, sich an einzelne Dinge nicht erinnern zu können, sondern in Bezug darauf, was das für Dinge waren. Sie wollte sich noch daran erinnern können, das Fahrrad an die Wohnungstür der Krügers gelehnt zu haben, aber konnte gleichzeitig den Namen der Bekannten, bei der sie etwas abholen sollte, nicht benennen. Das ist seltsam, denn genau dieser Umstand hätte sich sehr leicht zu ihren Gunsten oder ihren Ungunsten nachweisen lassen. Je nachdem, ob es denn wirklich eine solche Nachbarin gab, die ihre Variante der Geschichte hätte bestätigen können. Ich frage mich außerdem, wie sie überhaupt in das Haus gekommen ist, wenn die Bekannte doch gar nicht da war. Ich meine, man klingelt doch normalerweise unten am Hauseingang, oder? Und wenn es irgendwelche anderen Umstände gäbe, die mich dazu veranlassen würden, einfach im Treppenhaus nach oben zu laufen, ohne dass mir jemand geöffnet hätte, dann wären sie mir vielleicht noch erinnerlich, oder? Auch die Geschichte mit dem Schraubendreher zum Nachziehen des Körbchens kam mir seltsam vor. Zieht wirklich jemand mitten in einem Treppenhaus sein Körbchen nach? Wieso nimmt man ein Fahrrad überhaupt im Treppenhaus mit nach oben? Weil man befürchtet, dass es auf der Straße entwendet werden könnte? Oder weil man etwas in dem Körbchen transportieren möchte? Oder doch zum Hineinschmuggeln von Einbruchswerkzeug? All diese Fragen hatte Selina nicht weiter beantworten wollen. Und schließlich sprachen auch Selinas Fluchtversuche nicht unbedingt dafür, dass sie nur zufällig im Treppenhaus gewesen war. Selinas Aussage war für mich damit wenig glaubhaft. Das heißt nicht, dass ich sie schon deshalb für schuldig halte. Ich muss natürlich erst einmal die weiteren Beweismittel auswerten.

Da ist zuallererst die Aussage des Ehepaars Krüger. Ihre Aussagen hielt ich für sehr glaubhaft. Zugegeben, das Ehepaar Krüger war vorbelastet durch die vorangegangenen Einbruchsversuche und daher vielleicht besonders sensibel. Aber sie zeigten hier keinen zusätzlichen Belastungseifer. Im Gegenteil, sie gaben sogar Wissenslücken zu. Herr Krüger war nicht so schnell hinter Selina hergekommen. Frau Krüger hatte hinter ihrem Mann nichts sehen können. Und nur, weil die beiden etwas älter waren, konnte man wohl nicht davon ausgehen, dass sie schlecht sehen oder hören können und sich etwas einbildeten.

Der Meißel kam für mich auch durchaus als Beweismittel in Betracht. Er passte zu den Abriebspuren an der Tür. Und dass er im Boden steckte und nicht nur dort lag, war meiner Ansicht nach auch nicht ausgeschlossen. Wenn ich für meinen Hund einen Stock im hohen Bogen wegwerfe, dann rotiert letzterer in der Luft. Manchmal bleibt er dabei auch in der Erde stecken. Die Erde in dem Blumenbeet war weich. Warum sollte der Meißel nicht auch durch die Flugrotation dort stecken geblieben sein? Und andersherum, warum sollte jemand anderes genau zur Tatzeit einen Meißel in das Blumenbeet gesteckt haben? Ein taugliches Werkzeug für Gärtner ist er wohl kaum. Das passte auch zu der Aussage des Nachbarn, der etwas durch die Luft hatte fliegen sehen. Er hatte nicht sagen können, was es gewesen sein könnte. Aber deshalb konnte man diese Aussage nicht einfach übergehen. Zumal es keine andere Erklärung für seine Feststellung gegeben hatte. Schließlich überzeugten mich die Lichtbilder von den Kratzern an der Tür. Man konnte in der Vergrößerung einen deutlichen Unterschied zwischen den neuen und den alten Kratzern sehen. An den neuen ragten kleine Holzfasern hervor. Diese waren unmittelbar am Türschloss. Wäre die Tür noch ein paar Mal geöffnet und geschlossen worden, wären sie sicher abgebrochen. Sie mussten frisch sein. Das entsprach auch der Aussage des Polizeibeamten, der die Fotos angefertigt hatte.

Was sagen Sie nun? Habe ich Sie überzeugt? Oder zweifeln Sie noch? Würden Sie sich meiner Berufung anschließen?

Das Landgericht konnte ich so jedenfalls überzeugen. Sehr zur Verärgerung des Richters am Amtsgericht wurde der Freispruch aufgehoben und Selina wegen versuchten Wohnungseinbruchsdiebstahls verurteilt. Sogar zu einer Freiheitsstrafe. Selina war nämlich schon mehrfach vorbestraft. Einschlägig, das heißt wegen genau solcher Taten. Sie war kein so unschuldiges Lamm, wie sie uns hatte glauben lassen wollen. Das wollte ich nur nicht schon am Anfang verraten, um Ihre

Unbefangenheit nicht zu gefährden. Im Rahmen der Beweiswürdigung ist das nämlich noch nicht zu berücksichtigen.

Für mich war diese Kehrtwende des Verfahrens ein kleiner Ritterschlag. Es hatte einer ausführlichen Berufungsbegründung und einer neuen Verhandlung vor dem Landgericht bedurft. Aber am Ende hatte ich mein Ziel erreicht. Ich war der festen Überzeugung, dass Selina nicht unschuldig war, und hatte ein entsprechendes Urteil bekommen. Und doch verstehe ich auch den Richter am Amtsgericht, der mit seinen eigenen Argumenten zu einem völlig anderen Ergebnis gekommen war.

Sie sehen also, man kann in einem Strafverfahren auf derselben Tatsachengrundlage zu völlig unterschiedlichen Ergebnissen kommen. Und wenn wir doch einmal Fehler machen, haben wir im Rechtsmittelverfahren die Chance, sie zu korrigieren. Die Entscheidungen von Juristinnen und Juristen im Strafrecht sind weitreichend. Kleine Änderungen der Argumentation oder des Betrachtungswinkels können zu großen Änderungen für die Betroffenen führen. Und immer, wenn Menschen urteilen, kann es zu falschen Entscheidungen, zu Fehlern kommen. Da ist es beruhigend zu wissen, dass sie revidiert werden können. Ich finde, das ist ein unglaublich großer Vorteil gegenüber anderen Berufsgruppen. Der Fehler einer Ärztin oder eines Arztes muss im Zweifelsfall bestehen bleiben. Ich würde nicht tauschen wollen. Auch wenn mir die Berufungen der Verteidigung oft meine mühsam erstrittenen Freiheitsstrafen verhageln, weil die nächste Instanz die Vollstreckung der Strafe doch zur Bewährung aussetzt, wusste ich das Rechtsmittelverfahren doch schon immer zu schätzen. Es ist auch mein doppelter Boden, mein Sprungtuch und mein Sicherheitsseil. Ich versuche natürlich immer, die richtige Entscheidung zu treffen und ich bin mir auch meistens sehr sicher in dem, was ich am Ende einer Verhandlung beantrage. Auch wenn meine Anfängerzeit vorbei und meine Fehlerquote gesunken ist, ist es beruhigend zu wissen, dass meine Handlungen trotzdem überprüfbar und reversibel sind.

Mein Fazit

… oder warum das
Justizministerium eben doch nicht
ganz der sprechende Hut ist

Mein Gefühl, ich sei irgendwie ein bisschen wie Harry Potter, hat auch nach meiner Anfangszeit als Staatsanwältin nicht nachgelassen. Dachte ich am Anfang noch, ich sei die, die unter Muggeln aufgewachsen ist und sich jetzt zwischen Zauberern wiederfindet, so habe ich doch bemerkt, dass auch ich ein bisschen zaubern kann. Oder eher, dass die anderen Zauberer etwas weniger magisch sind als gedacht und eigentlich auch nur mit Wasser kochen. Dass Juristerei auch in der Justiz nichts anderes als Handwerk ist. Saubere Arbeit am Gesetz. Mit Kommentar und Rechtsprechung. Wie ein Maurer, der eben mit der Kelle arbeitet. Diese Arbeit kann man lernen. Ich denke, mir ist das gelungen. Auch wenn ich natürlich noch lange nicht behaupten würde, ich hätte ausgelernt. Aber Harry Potter ist ja schließlich auch nicht der schlechteste Zauberer geworden, oder?

Ich habe allerdings feststellen müssen, dass die eigentliche Kunst, der Zauber und die Herausforderung der Arbeit in der Justiz nicht nur in der korrekten Anwendung des Rechts liegen. Die mindestens genauso hohen Anforderungen an uns und unsere Arbeit stellt regelmäßig der menschliche Aspekt der Verfahren. Wir klagen Menschen an. Wir verteidigen sie. Wir verurteilen sie. Wir greifen in ihr Leben ein. Reale Menschen, die unserer Nachbarschaft, dem Kollegium oder unserem Freundeskreis entsprungen sein könnten. Menschen, deren Leben und deren Persönlichkeit wir bei unserer Entscheidung berücksichtigen müssen. Und bei all der Hilfe, die Recht und Gesetz uns bei unserer Arbeit bieten, sind auch wir Juristinnen und Juristen ja noch immer dasselbe: Menschen. Menschen mit eigenen Erfahrungen, Einstellungen, Gedanken und Charakterzügen. Das alles in Einklang zu bringen und trotzdem die richtige Entscheidung zu treffen, ist wohl die wahre Zauberei.

Wenn Sie die Bücher von J. K. Rowling kennen, dann wissen Sie, dass die Geschichte von Harry Potter nach seinen ersten erfolgreichen Zaubersprüchen noch lange nicht vorbei ist. Hier dürfte wohl eine weitere Parallele zwischen der magischen und der juristischen Welt liegen. Und wenn Sie sich in der Welt von Rowling so richtig auskennen, dann wissen Sie auch, dass die Schüler in Hogwarts in verschiedene Häuser aufgeteilt werden: Gryffindor, Hufflepuff, Ravenclaw und Slytherin. Sie konkurrieren miteinander, aber wollen doch alle dasselbe: noch besser Zaubern lernen. Auch das finde ich irgendwie passend. Denn Sie können sich vorstellen, dass auch ich noch nicht das Gefühl habe, bereits alles gelernt zu haben. In den Harry-Potter-Büchern ordnet der sprechende Hut die Schülerinnen und Schüler ihren Häusern zu. In der Justiz übernimmt die Zuordnung zum »Haus« natürlich das etwas weniger magische Justizministerium. Es teilt uns mit unserer Einstellung auf verschiedene Bänke auf: die Richterbank, die Verteidigung und die Staatsanwaltschaft. Natürlich konkurrieren auch wir miteinander, vor allem der Bereich der Verteidigung und der der Staatsanwaltschaft. Wir streiten vortrefflich in Schriftsätzen, Anträgen und Plädoyers. Auch mit der Richterbank kooperiere ich weiß Gott nicht immer. Da wird diskutiert, gestritten, verhandelt und notfalls ein Rechtsmittel eingelegt. Von vornherein *best friends* ist hier also niemand. Und doch wollen wir am Ende alle das Gleiche: einen möglichst fairen Prozess und eine gerechte Strafe. Auch wenn diese im Auge des jeweiligen Betrachters unterschiedlich ausfallen kann.

Ich habe meine Kolleginnen und Kollegen auf den anderen Bänken (fast) immer respektiert. Ich lege viel Wert auf Austausch untereinander. Nur so kann ich die Interessen der anderen und die tatsächlichen Hintergründe von so manchem prozessualen Verhalten einordnen lernen. Zu noch größerem Verständnis als der bloße Austausch führt bekanntlich ein Wechsel der Perspektive. Insoweit ist die Justiz tatsächlich fortschrittlicher als die Welt der Harry-Potter-Bücher. Denn bei uns gibt es die Möglichkeit, das Haus zu wechseln. Ganz so endgültig wie eine Aussage des sprechenden Hutes ist die erste Einordnung des Justizministeriums in Wahrheit nämlich doch nicht. Und so sollte auch für mich bald ein neuer Band aufgeschlagen werden.

Danke

Zuallererst bedanke ich mich bei meiner Familie und meinen engsten Freunden, die mich zu diesem Projekt von Beginn an ermutigt und bei der Umsetzung tatkräftig unterstützt haben. Mein Dank gilt meiner Mutter, ohne die ich weder Jura studiert noch Bücher geschrieben hätte; außerdem meiner Zweitfamilie, der ich meinen schwarzen Humor und meinen Hang zu blutigen Geschichten zuschreibe. Ich danke meinem Partner, den ich mit starken Schultern hinter mir weiß. Ganz besonders aber danke ich meiner Oma. Sie hat mich glauben lassen, ich könne alles schaffen.

Glossar

Asservate
sichergestellte oder beschlagnahmte Sachen

Asservatenkammer
Räumlichkeiten der Polizeibehörden, in denen sichergestellte oder beschlagnahmte Sachen (Asservate) aufbewahrt werden

Ausfertigung
Abschrift einer Urkunde mit einem speziellen Vermerk, § 49 BeurkG

Aussetzung zur Bewährung
eine Freiheitsstrafe wird nicht vollstreckt, der Täter / die Täterin darf sich vorerst »bewähren«

Beschwerde
Rechtsmittel gegen einen richterlichen Beschluss, § 304 StPO

Bagatelle
Kleinkriminalität

Bundesgerichtshof
oberstes deutsches Gericht im Bereich Zivil- und Strafrecht

Einspruch
Rechtsmittel gegen einen Strafbefehl, § 410 StPO

Einstellung
Entscheidung der Staatsanwaltschaft, gegebenenfalls auch des Gerichts, von der Strafverfolgung abzusehen, §§ 170, 153 ff StPO

Entziehungsanstalt
Einrichtung zur Unterbringung betäubungsmittelabhängiger Verurteilter

Ermittlungsakte
Akte, die gesammelt alle bisherigen Beweismittel enthält und als Grundlage zur Erhebung der Anklage dient

Ermittlungsrichter/ Ermittlungsrichterin
zuständige/r Richter/Richterin für die Entscheidung über Untersuchungshandlungen vor Erhebung der öffentlichen Anklage, § 162 StPO

Ermittlungsverfahren
Vorverfahren zur Erforschung des Sachverhalts, §§ 152, 163 StPO

Fahreignungsregister
Register zur Speicherung von Daten, die zur Beurteilung der Eignung von Personen zum Führen von Kraftfahrzeugen und Ähnlichem erforderlich sind, § 28 StVG

Gefährderansprache
verbaler Hinweis der Polizei an jemanden, von dem oder der angenommen wird, er oder sie würde künftig die öffentliche Sicherheit stören mit dem Hinweis auf die geltende Rechtslage und potenzielle Rechtsfolgen

Gewahrsam
im Sinne des § 242 StGB: tatsächliche Sachherrschaft über eine Sache

Gnadengesuch
Ausnahmeverfahren zur Erreichung von Straferlass oder Aussetzung zur Bewährung nach rechtskräftigem Abschluss eines Verfahrens

Haftbefehl
Schriftstück zu Festnahme und Inhaftierung eines Täters / einer Täterin

Haftprüfungstermin
Termin bei Gericht zur Überprüfung, ob der Täter / die Täterin wirklich in Haft bleiben muss

Haftsache
Ermittlungsverfahren bzw. Strafverfahren mit einem oder einer in Untersuchungshaft befindlichen Beschuldigten/Angeklagten

Hehler
Täter/Täterin einer Hehlerei (Ankauf und Verkauf gestohlener Sachen, vergl. § 259 StGB)

Hospitation
Aufenthalt zu Fortbildungszwecken

IP-Adresse
Internetprotokolladresse in Computernetzwerken, mit der ein bestimmter Zugriffspunkt (PC, Handy usw.) eindeutig bestimmt werden kann

Justizvollzugsanstalt
Gefängnis

Kapitalverbrechen
besonders schwere Verbrechen

Klageerwiderung
Schriftsatz zur Verteidigung im Zivilrecht, § 277 ZPO

Klageschrift
Schriftsatz zur Erhebung der Klage im Zivilrecht, § 253 ZPO

Kommilitonen
Studierende der gleichen Studienrichtung

Ladung
förmliches Schreiben der Polizei, der Staatsanwaltschaft oder des Gerichts zu einem Termin zur Vernehmung

Lungenkontusion
starke Quetschung der Lunge

materielles Recht
sachliches Recht auf Grundlage des Strafgesetzbuchs, Pendant zu Prozessrecht

Meineid
Falschaussage vor Gericht, die unter Eid geschworen wird, nach § 154 StGB mit Freiheitsstrafe nicht unter einem Jahr zu bestrafen

Muggel
eine Bezeichnung für Menschen, die nicht mit Zauberkräften ausgestattet sind, aus den Harry-Potter-Romanen von J. K. Rowling

Nebenklage
durch eine Tat geschädigte Personen können sich nach § 395 StPO im Wege der Nebenklage der Klage der Staatsanwaltschaft anschließen

obsolet
überflüssig

Perforation
Durchbruch

Plädoyer
Schlussvortrag in der Hauptverhandlung

Punktstrafe
konkret in Hinblick auf die Höhe der Strafe in Aussicht gestelltes Urteil

Rechtsgespräch
Verständigung zwischen Gericht und Verfahrensbeteiligten über den Fortgang und das Ergebnis des Verfahrens, § 257c StPO

Rechtsmittel
prozessuale Möglichkeiten zur Überprüfung gerichtlicher Entscheidungen

redlich
rechtschaffen

Referendariat
praktischer Teil der juristischen Ausbildung zwischen dem ersten und dem zweiten juristischen Staatsexamen

Revision
Rechtsmittel zur Überprüfung eines Urteils auf Rechtsfehler, § 337 StPO

Robe
bodenlanges, mantelartiges Kleidungsstück, welches von Juristinnen und Juristen in der Verhandlung getragen wird, in der Regel schwarz, für die Justiz mit Samtkragen, für die Anwaltschaft mit seidenem Kragen

Rotlichtverstoß
rechtswidriges Überfahren einer roten Ampel

Schöffen/Schöffinnen
Laienrichterinnen und -richter

Sektion
Öffnung und Untersuchung einer Leiche durch einen Rechtsmediziner / eine Rechtsmedizinerin

Sepsis
Blutvergiftung

Sitzungsprotokoll
Protokoll der Hauptverhandlung

Spruchkörper
andere Bezeichnung für das entscheidende Gericht

StGB
Strafgesetzbuch

StPO
Strafprozessordnung

Strafrahmen
die gesetzlich festgelegte Höchst- und Mindestdauer einer Freiheitsstrafe beziehungsweise der Höchst- und Mindestbetrag einer Geldstrafe

Strafzumessung
Bewertung des konkreten Unrechts der Tat zur Festlegung einer individuellen Strafe, § 46 StGB

subsumieren
einen Lebenssachverhalt unter einen Straftatbestand fassen, zuordnen

suizidal
selbstmordgefährdet

Tateinheit
dieselbe Handlung verletzt mehrere Strafgesetze oder ein Strafgesetz mehrfach, § 52 Abs. StGB

Tatmehrheit
mehrere Straftaten, die gleichzeitig abgeurteilt werden, § 53 Abs. 1 StGB

Trickdiebstahl
Diebstahl, dessen Voraussetzungen Täter durch Täuschung erschaffen haben

uneidliche Falschaussage
eine Falschaussage, die im Gegensatz zum sogenannten Meineid nicht unter Eid geleistet wird; sie ist dennoch strafbar nach § 153 StGB

Unterschlagung
rechtswidrige Zueignung fremder beweglicher Sachen, § 246 StGB

Verdunklungsgefahr
die Gefahr, dass ein Beschuldigter / eine Beschuldigte während des Ermittlungsverfahrens Beweise vernichtet oder Einfluss auf Zeuginnen oder Zeugen nimmt

Verwerfungsurteil
Urteil zur Verwerfung des Einspruchs gegen einen Strafbefehl bei Ausbleiben des oder der Angeklagten, § 412 StPO

Wiederaufnahmeantrag
Antrag auf nochmalige Verhandlung trotz rechtskräftigem Abschluss eines Verfahrens, § 362 StPO

Zeugnisverweigerungsrecht
das Recht von Zeuginnen und Zeugen, nicht zulasten ihrer Angehörigen aussagen zu müssen

Eden Books
Ein Verlag der Edel Verlagsgruppe

www.edenbooks.de
1. Auflage 2022

Sämtliche der Personen im Text sind aus Gründen des Persönlichkeitsschutzes anonymisiert.

Vermittlung: Wort Weise Agentur und Text, Freiburg i. Br.
Lektorat: Susanne Röltgen
Korrektorat: Rotkel. Die Textwerkstatt
Layout und Satz: Datagrafix GSP GmbH, Berlin | www.datagrafix.com
Druck und Bindung: GGP Media GmbH, Pößneck
ISBN 978-3-95910-365-7

Printed in Germany

Eden Books unterstützt bei der Produktion dieses Buches das Projekt »Junge Riesen für die nächsten 100 Jahre«. Damit wird ein Anteil der unvermeidbaren CO_2-Emissionen im direkten Umfeld des Produktionsstandortes kompensiert.

FSC www.fsc.org MIX Papier aus verantwortungsvollen Quellen FSC® C014496